Marco Mezzadri        Paol

# Rete!1

Corso multimediale d'italiano per stranieri
**[attività supplementari]**

**Guerra** Edizioni

www.rete.co.it

**Autori**
*Marco Mezzadri, Paolo E. Balboni.*
Hanno curato le sezioni di Fonologia *Marco Cassandro*
e di Civiltà *Giovanna Pelizza.*

Le sezioni di valutazione e autovalutazione
sono a cura di *Mario Cardona.*

**Progetto grafico**
Keen s.r.l.
*Silvia Bistacchia.*

**Copertina**
Keen s.r.l.
*Hibiki Sawada.*

**Ricerca iconografica**
Keen s.r.l.
*Valentina Belia, Francesca Manfredi, Nicola Vergoni.*

**Disegni**
*Francesca Manfredi.*

**Fotografie**
*Foto Quattro s.r.l. - Perugia, Silvia Bistacchia.*

**Stampa**
*Guerra guru s.r.l. - Perugia.*

In collaborazione con: *Èulogos®*

**I edizione**
© Copyright 2003 Guerra Edizioni - Perugia

ISBN 88-7715-817-4

**Guerra** Edizioni
via Aldo Manna, 25 - Perugia (Italia) - tel. +39 075 5289090 - fax +39 075 5288244
e-mail: geinfo@guerra-edizioni.com - www.guerra-edizioni.com

## grammatica

**1 Completa le frasi con il soggetto.**

**1** Scusa, .............................. sei giapponese?

**2** Scusi, .............................. è di Roma?

**3** ........... si chiama Roberto, ............ mi chiamo Silvia.

**4** .............................. è argentina.

**5** .............................. è marocchino.

**6** .............................. sono di Milano.

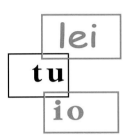

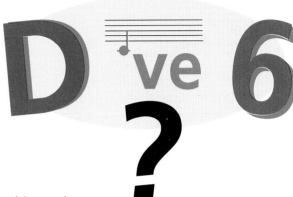

**2 Completa le frasi con il verbo *essere*, *studiare* o *chiamarsi*.**

**1** Clive .............................. inglese.

**2** Di dov' .............................. Alexia?

**3** Alexia .............................. di Caracas, ma ora .............................. italiano in Italia.

**4** Lui si .............................. Sebastian.

**5** Fabrizia .............................. italiana.

**6** - Mi .............................. Pavel, piacere.

**7** - Piacere. Mi .............................. Anita. .............................. italiano?

**8** - No, .............................. tedesco e tu di dove ..............................?

**9** - .............................. spagnola, ma .............................. italiano a Venezia. E tu?

**10** - Anch'io .............................. italiano, ma a Siena.

**3 Completa il dialogo con le parole del riquadro.**

Lui: Come ti .............................. 1 ..............................?

Lei: Maria. E tu?

Lui: Mi .............................. 2 .............................. Sandro.

Lei: Come, .............................. 3 ..............................?

Lui: Sandro, mi .............................. 4 .............................. Sandro.

Lei: Piacere.

Lui: Piacere. .............................. 5 .............................. italiana?

Lei: No, .............................. 6 .............................. argentina. E tu, di dove .................. 7 ..................?

Lui: Io .............................. 8 .............................. italiano.

> *Chiamo (x2), sei (x2), sono (x2),*
> *chiami, scusa*

**4 Metti in ordine il dialogo.**

| Carabiniere | Maria |
|---|---|
| *Buongiorno; passaporto, per favore. Lei è italiana?* | Prego. Buongiorno. |
| Come si chiama? | C.a.b.a.l.l.e.r.o. |
| Perfetto. Va in Italia per turismo? | No, non sono italiana. |
| Di dov'è? | Maria Caballero. |
| Scusi, come si scrive il cognome, per favore? | No, studio italiano all'Università. |
| Bene. Grazie e arrivederci. | Sono argentina. |
| | |

| Carabiniere | Maria |
|---|---|
| *Buongiorno; passaporto, per favore. Lei è italiana?* | |
| | |
| | |
| | |
| | |
| | |
| | |

 **5 Riordina le frasi.**

**1** chiamo, John, e, irlandese, mi, sono.

.......................................................................................................................................

**2** chiama, Alessandra, Napoli, è, e, di, lei, si.

.......................................................................................................................................

**3** Mario, portoghese, studia, a, è, e, Perugia, italiano.

.......................................................................................................................................

**4** Lei, brasiliana, io, francese, è, sono, e.

.......................................................................................................................................

**5** Lei, Claudia, spagnola, si, di, chiama, Madrid, è, e, è.

.......................................................................................................................................

**6** Andreas, chiami, sei, tedesco, tu, ti?

.......................................................................................................................................

 **6 Fa' le domande.**

**1** ...................................................................................................................................

Sono di Roma.

**2** ...................................................................................................................................

Mi chiamo Mario.

**3** ...................................................................................................................................

Sì, ma mia mamma è francese.

**4** ...................................................................................................................................

Sì, inglese e anche spagnolo. E parlo anche francese.

**7 Trasforma le domande da informali a formali.**

**1** ....................................................................................................

Sono di Roma.

**2** ....................................................................................................

Mi chiamo Mario.

**3** ....................................................................................................

Sì, ma mia mamma è francese.

**4** ....................................................................................................

Sì, inglese e anche spagnolo. E parlo anche francese.

## lessico

**1 Completa le parole.**

**1** spa.....*gnolo*.........
**2** ted.........................
**3** ingl.........................
**4** fran.........................
**5** mar.........................
**6** argen.....................
**7** bras.........................
**8** port.........................

**2 Cruciverba al femminile.**
**Usa gli aggettivi dell'esercizio 10.**

## grammatica

**1 Completa le frasi con il verbo *essere*.**

1 Cristina ............................ di Perugia.
2 Tu ............................ francese.
3 Io ............................ di Firenze.
4 Tu ............................ di Tokyo.
5 Io ............................ studente.
6 Carlo ............................ a Parigi.

**2 Metti le frasi dell'esercizio 1 alla forma negativa.**

1 Cristina ............................ di Perugia.
2 Tu ............................ francese.
3 Io ............................ di Firenze.
4 Tu ............................ di Tokyo.
5 Io ............................ studente.
6 Carlo ............................ a Parigi.

**3 Metti le frasi delle esercizio 1 al plurale.**

1 Cristina e Andrea.............................................................................
2 Tu e Pierre.............................................................................
3 Marco ed io .............................................................................
4 .............................................................................
5 .............................................................................
6 Carlo e Claudia.............................................................................

**4 Metti le frasi dell'esercizio 3 alla forma negativa.**

1 Cristina e Andrea.............................................................................
2 Tu e Pierre.............................................................................
3 Marco ed io .............................................................................
4 .............................................................................
5 .............................................................................
6 Carlo e Claudia.............................................................................

**5 Rispondi alle domande.**

1 Hai una carta di credito?          Sì, ............ *ce l'ho* ............................................
2 Hai il numero di telefono di Luca?   No, .............................................................
3 Hai la lettera di Filippo?          Sì, .............................................................
4 Patrizia ha una casa?               Sì, .............................................................
5 Hai un dizionario di italiano?       No, .............................................................
6 Paolo ha un ufficio?                Sì, .............................................................

## 6 Abbina le due parti delle frasi.

| SINGOLARE | PLURALE |
|---|---|
| **1** Simona e Roberto abitano | **A** una casa grande. |
| **2** A Milano ho | **B** all'università di Genova. |
| **3** Sergio ha | **C** in Via Roma 6 a Napoli. |
| **4** Penny studia italiano | **D** una lettera a Pedro ogni settimana. |
| **5** Hassan lavora | **E** a Bologna. |
| **6** Juan scrive | **F** un numero di telefono in Italia. |

## 7 Metti le frasi dell'esercizio 6 alla forma negativa.

**1** ...........................................................................................................................

**2** ...........................................................................................................................

**3** ...........................................................................................................................

**4** ...........................................................................................................................

**5** ...........................................................................................................................

**6** ...........................................................................................................................

## 8 Forma delle frasi.

**1** A aeroporto c'è un Roma.

**2** A un c'è casa bagno mia.

**3** C'è tavolo nel un ristorante.

**4** Telefono a un scuola c'è.

**5** All' banca c'è aeroporto una.

**6** Venezia ristorante un c'è a cinese.

## 9 Metti al plurale le frasi dell'esercizio 8.

**1** (due).....................................................................................................................

**2** (tre)......................................................................................................................

**3** (venti) ..................................................................................................................

**4** (quattro) ..............................................................................................................

**5** (due) ....................................................................................................................

**6** (molti) ..................................................................................................................

## 10 Scrivi in lettere i numeri.

| | | |
|---|---|---|
| **1** | 12 | ........................................................................................... |
| **2** | 7 | ........................................................................................... |
| **3** | 9 | ........................................................................................... |
| **4** | 2 | ........................................................................................... |
| **5** | 15 | ........................................................................................... |
| **6** | 19 | ........................................................................................... |
| **7** | 20 | ........................................................................................... |
| **8** | 11 | ........................................................................................... |

**11 Metti l'articolo indeterminativo.**

| una | scuola |
|---|---|
| | agenzia |
| | stazione ferroviaria |
| | studente |
| | telefono |
| | ristorante |
| | ufficio |
| | bagno |
| | passaporto |
| | corso |

**12 Metti al plurale le parole dell'esercizio 11.**

| tre | scuole |
|---|---|
| sei | |
| otto | |
| due | |
| cinque | |
| nove | |
| undici | |
| venti | |
| dieci | |
| sette | |

**13 Completa gli aggettivi.**

**1** una <u>pizza</u> italian…………………………………………

**2** una carta di credito nuov …………………………………

**3** una <u>casa</u> bell …………………………………………

**4** un libro ingles …………………………………………

**5** un <u>ragazzo</u> russ…………………………………………

**6** una macchina tedesc …………………………………………

**7** un <u>ristorante</u> vecchi …………………………………………

**8** un francobollo brutt …………………………………………

**14 Metti al plurale le parole dell'esercizio 13.**

**1** tre pizz …………………………… italian …………………………………………

**2** due cart …………………………… di credito nuov …………………………………

**3** sei cas …………………………… bell …………………………………………

**4** dieci libr …………………………… ingles…………………………………………

5 quattro ragazz ............................. russ ..............................

6 nove macchin ............................. tedesc ..............................

7 dodici ristorant ............................. vecchi..............................

8 tredici francoboll ............................. brutt ..............................

 15 Fa' le domande.

1 .............................................................................................?

C-A-B-A-L-L-E-R-O

2 .............................................................................................?

Franco è di Roma e io di Napoli.

3 .............................................................................................?

Venticinque. Sono del 1978.

4 .............................................................................................?

Vivo a Venezia, vicino a Piazza San Marco.

5 .............................................................................................?

Matteo. È un amico di Torino.

6 .............................................................................................?

Si dice "car".

7 .............................................................................................?

051 2445762.

8 .............................................................................................?

Perché studio italiano a Siena.

 16 Completa il dialogo con le parole del riquadro.

Sandro: Finalmente in Italia! Finalmente a Roma!

Maria: Come sono .........................1............................!

Sandro: ........................2......................... E ora c'è il controllo dei passaporti.

Agente di polizia: ...........3..........., per favore. Lei si ..........4.......... Maria Caballero. Perché è in Italia?

Maria: ........................5......................... italiano a Siena.

Agente: ........................6......................... torna in Argentina?

Maria: Alla fine del ........................7.........................

Agente: Tutto bene. Un altro, per favore.

anch'io, studio, passaporto, corso, chiama, stanca, quando

 17 Metti in ordine il dialogo.

| Maria | Sandro |
|---|---|
| Ciao Sandro! | Senti Maria, io abito a Perugia, in Via Danti 8. |
| 0,7,5 - 5,2,2,6   3,0,5. Ti telefono, ciao! | 0,7,5 - 5,2,2,6   3,0,5. |
| Giusto! Ma io non ho ancora una casa. | Maria? |
| Sì? Cosa? | Quanti anni hai? |
| Davvero? Abiti a Perugia? Qual è il tuo numero di telefono? | Maria, non ho il tuo indirizzo… |
| 20. Ciao c'è l'autobus. | Ciao. |

| Maria | Sandro |
|---|---|
| Ciao Sandro! | |
| | |
| | |
| | |
| | |
| | |

## lessico

**1 Scrivi i nomi degli oggetti.**

## grammatica

 **1 Scrivi le persone singolari dei verbi.**

| lavorare | io<br>tu<br>lui/lei |
|---|---|
| vendere | io<br>tu<br>lui/lei |
| scrivere | io<br>tu<br>lui/lei |
| finire | io<br>tu<br>lui/lei |
| parla | io<br>tu<br>lui/lei |
| abitare | io<br>tu<br>lui/lei |
| vivere | io<br>tu<br>lui/lei |
| sentire | io<br>tu<br>lui/lei |

 **2 Scrivi le persone plurali dei verbi.**

| lavorare | noi<br>voi<br>loro |
|---|---|
| vendere | noi<br>voi<br>loro |
| scrivere | noi<br>voi<br>loro |
| finire | noi<br>voi<br>loro |
| parla | noi<br>voi<br>loro |
| abitare | noi<br>voi<br>loro |
| vivere | noi<br>voi<br>loro |
| sentire | noi<br>voi<br>loro |

**3 Coniuga il verbo.**

**1** Sandro non *sapere* l'italiano.

..................................................................................

**2** Jorge *fare* l'insegnante.

..................................................................................

**3** Cosa *fare* tu e Catia domani?

..................................................................................

**4** Che lavoro *fare* Giovanni e Alice?

..................................................................................

**5** Mia moglie e io *sapere* molte lingue.

..................................................................................

 **4 Completa le frasi con un verbo del riquadro.**

**1** Io ............................. 35 anni.
**2** Michela ............................. in un supermercato.
**3** David ............................. in Canada.
**4** Salvatore ............................. il tedesco.
**5** Stasera ............................. la pizza.
**6** Tu ............................. spesso musica italiana?
**7** Tommaso ............................. un lavoro nuovo.
**8** Maria non ............................. alle mie domande.
**9** Domenico ............................. spesso a Napoli.
**10** Giovanni, quando ............................. l'università?

> *vivere, lavorare, fare, avere (x 2), rispondere, finire, ascoltare, sapere, tornare*

 **5 Metti al plurale i verbi dell'esercizio 4.**

 **6 Forma delle frasi.**

**1** tuo qual indirizzo il è? .......................................................................................
**2** casa tua molto carina è nuova la. .......................................................................................
**3** nuovo Baricco interessante è libro il di. .......................................................................................
**4** Camilla all' di Venezia studia Università. .......................................................................................
**5** vivono Milano Sam a e Tom. .......................................................................................

6 ascoltate italiana spesso musica? ............................................................................................
7 quando radio studia ascolta la Giovanna. ................................................................................
8 Andrea in fa lavora ospedale il medico. ...................................................................................

 **7 Metti l'articolo determinativo.**

| | | |
|---|---|---|
| 1 cognome | | amica 20 |
| 2 età | **il** | pizza 19 |
| 3 francobollo | | cliente 18 |
| 4 infermiera | **lo** | commessa 17 |
| 5 esperienza | | acqua 16 |
| 6 studio | **la** | meccanico 15 |
| 7 numero di telefono | | lavoro 14 |
| 8 idraulico | **l'** | psicologo 13 |
| 9 lingua straniera | | impiegato 12 |
| 10 stato | indirizzo 11 | |

**8 Correggi gli errori.**

1 lo meccanico ..................*il meccanico*..............
2 la carta di credito ...........................................
3 la vino ...........................................
4 lo caffè ...........................................
5 il parrucchiera ...........................................
6 l'cartolina ...........................................
7 lo amico ...........................................
8 l'ufficio ...........................................
9 il studente ...........................................
10 il ingegnere ...........................................

**9 Completa le frasi con l'articolo determinativo.**

1 Klaus fa ............................. idraulico.
2 ............................. mia casa è in Via Chopin.
3 Dov'è ............................. ristorante nuovo di Roberto?
4 Thomas sa ..................... spagnolo, ..................... italiano e naturalmente ..................... inglese.
5 ............................. Sardegna è un'isola meravigliosa.
6 ............................. macchina nuova di Adele è giapponese.
7 ............................. Spagna e ............................. Irlanda sono paesi della Unione Europea.
8 ............................. psicologo di Alessandra è un uomo molto interessante.

**10 Scegli la preposizione.**

1 Vado spesso *a/in/per* Barcellona *a/in/per* Spagna.
2 Silvano vive *a/in/per* Umbria, *a/in/per* Perugia.
3 Sara abita *a/in/per* Via Nazionale 14.
4 Max studia *a/in/per* Roma.
5 *a/in/per* casa mia non c'è il giardino.
6 *a/in/per* Italia i numeri di telefono hanno sempre il prefisso.
7 *a/in/per* scuola i ragazzi italiani studiano due lingue straniere.
8 Stefano è *a/in/per* vacanza *a/in/per* Grecia *a/in/per* due mesi.

## grammatica

 **1 Scrivi i numeri in lettere.**

| 24 | |
|----|----|
| 56 | |
| 77 | |
| 81 | |
| 90 | |
| 32 | |
| 48 | |
| 33 | |
| 21 | |
| 61 | |

 **2 Completa con l'articolo determinativo.**

| 1 | l' | acqua |
|----|----|----|
| 2 | | aeroporto |
| 3 | | amica |
| 4 | | commessa |
| 5 | | esperienza |
| 6 | | età |
| 7 | | francobollo |
| 8 | | idraulico |
| 9 | | indirizzo |
| 10 | | insegnante |
| 11 | | libertà |
| 12 | | lingua straniera |
| 13 | | madre |
| 14 | | meccanico |
| 15 | | numero di telefono |
| 16 | | padre |
| 17 | | psicologo |
| 18 | | studio |
| 19 | | via |
| 20 | | zio |

**3 Metti al plurale i nomi dell'esercizio 2 e aggiungi gli articoli.**

| | |
|---|---|
| 1 | acqu_e_. |
| 2 | aeroport.... |
| 3 | amic... |
| 4 | commess... |
| 5 | esperienz... |
| 6 | et... |
| 7 | francoboll... |
| 8 | idraulic... |
| 9 | indirizz... |
| 10 | insegnant... |
| 11 | libert... |
| 12 | lingu... stranier... |
| 13 | madr... |
| 14 | meccanic... |
| 15 | numer... di telefono |
| 16 | padr... |
| 17 | psicolog... |
| 18 | student... |
| 19 | vi... |
| 20 | zi... |

 **4 Completa le frasi con il possessivo.**

**1** Domani ............. sorella va in vacanza a Rimini.

**2** Alida è bassa e grassa. ............. figlio è alto e magro.

**3** Domani vado all'aeroporto a prendere ............. cugina che vive a Chicago.

**4** Carlo è molto simpatico e la ............. amica è molto carina.

**5** Abel è contento perché è pronto il ............. nuovo quadro.

**6** Scusa Antonio, dov'è ............. sorella?

**7** Sono contento del ............. nuovo libro.

**8** Tu sei una madre meravigliosa e ............. figlio è un bambino molto intelligente.

 **5 Metti le frasi al plurale. Trasforma le parole in corsivo.**

**1** Domani ............. _sorella_ va in vacanza a Rimini.

.......................................................................................................

**2** Alida è bassa e grassa. ............. _figlio_ è alto e magro.

.......................................................................................................

**3** Domani vado all'aeroporto a prendere ............. _cugina_ che vive a Chicago.

.......................................................................................................

**4** Carlo è molto simpatico e _la_ ............. _amica_ è molto carina.

.......................................................................................................

**5** Abel è contento perché è pronto _il_ ............. _nuovo quadro_.

.......................................................................................................

**6** Scusa Antonio, dov'è ............. *sorella*?

..............................................................................................................................

**7** Sono contento del ............. *nuovo libro*.

..............................................................................................................................

**8** Tu sei una madre  meravigliosa e ............. *figlio* è un bambino molto intelligente.

..............................................................................................................................

🖊 **6 Fa' delle domande come nell'esempio.**

**1** Di chi/penne?

..*Di chi sono queste penne?*..............................................................

**2** Di chi/riga?

..............................................................................................................................

**3** Di chi/matita?

..............................................................................................................................

**4** Di chi/libri?

..............................................................................................................................

**5** Di chi/quaderni?

..............................................................................................................................

**6** Di chi/ufficio?

..............................................................................................................................

🖊 **7 Trasforma le frasi alla forma di cortesia.**

**1** Puoi passarmi l'acqua, per favore?

..*Può passarmi l'acqua, per favore?*..............................................

..*Potete passarmi l'acqua, per favore?*..........................................

**2** Sai dirmi dov'è la stazione, per favore?

..............................................................................................................................

..............................................................................................................................

**3** Insegni nella scuola di lingue di Matteo?

..............................................................................................................................

..............................................................................................................................

**4** Scusa, hai una sigaretta?

..............................................................................................................................

..............................................................................................................................

**5** Scusa, sai dirmi che ore sono?

..............................................................................................................................

..............................................................................................................................

**6** Puoi ripetere, per favore?

..............................................................................................................................

..............................................................................................................................

🖊 **8 Completa le frasi con il verbo tra parentesi.**

**1** Matteo non ........................ (sapere) il francese.

**2** Franco, ........................ (potere) darmi il tuo indirizzo?

**3** Nadia, a che ora ........................ (andare) a casa oggi?

**4** Scusi, Signore, ........................ (sapere) dov'è la stazione?

**5** Io non ........................ (sapere) nuotare molto bene.

**6** Scusi Professore, ........................ (potere) andare in bagno?

**9 Metti le frasi dell'esercizio 8 al plurale.**

**1** Matteo e Enrico non ........................ (sapere) il francese.

**2** Franco e Nicola, ........................ (potere) darmi il vostro indirizzo?

**3** Nadia e Lucia, a che ora ........................ (andare) a casa oggi?

**4** Scusate, Signori, ........................ (sapere) dov'è la stazione?

**5** Giorgio ed io non ........................ (sapere) nuotare molto bene.

**6** Scusi Professore, Michele ed io........................ (potere) andare in bagno?

**10 Completa il cruciverba con i verbi del riquadro. Attenzione! Devi coniugarli.**

Sandro: Pronto?

Maria: Pronto, ........1.......... parlare con Sandro, per favore?

Sandro: Sono io. Chi........2.........?

Maria: Sono Maria.

Sandro: Maria? Ciao, come ......3..........?

Maria: Bene e tu?

Sandro: Bene, grazie. Come .......4.......... il corso di italiano?

Maria: Per il momento molto bene. ......5........ domani!

Sandro: Senti, .........6........ fare qualcosa insieme?

Maria: Non lo so....

Sandro: Perché non .....7.......... a cena a casa mia

domani sera?

Maria: Va bene. .......8.......... tu?

Sandro: Tranquilla! Cucina mia madre.

cominciare, potere (x 2), stare, venire, parlare, andare, cucinare

**11 Metti in ordine il dialogo.**

| Maria | Sandro | Carlo |
|---|---|---|
| ☐ Ciao Simona, piacere!.... | ☐ E quella è mia sorella, Simona. | ☐ È la prima porta a sinistra. |
| ☐ Scusate, vorrei lavarmi le mani. | ☐ Prego! Entra!.... | ☐ Grazie, ma non è vero. Io ho 53 anni e mia moglie 49. |
| ☐ Dov'è il bagno, per favore? | ☐ Maria ti presento i miei genitori. Mia madre, | |
| ☐1☐ *Posso entrare?* | ☐ Giuseppina e questo è mio padre, Carlo. | |
| ☐ Piacere. Come siete giovani! | | |

## lessico

 **1 Sammy ha qualche problema con la famiglia! Correggi le sue frasi.**

**1** Mia madre si chiama Aldo.

**2** Mia nonna Giorgia ha 15 anni.

**3** Mio fratello aspetta un bambino, è incinta di quattro mesi.

**4** Mio figlio ha 92 anni.

**5** Mio marito si chiama Anna.

**6** Mio nonno sta facendo il servizio militare.

 **2 La staffetta.**
**Ogni parola "rincorre" le altre secondo questo testo:**

"Quando avevo vent'anni mi sono innamorato di una _____, poi ci siamo sposati e siamo diventati _____ e _____; alcuni anni dopo è arrivata una _____, che vent'anni dopo ci ha dato dei _____, e così siamo diventati _____! La vita è proprio una ruota…

## grammatica

 **1 Scrivi le forme singolari dei verbi.**

| dire | io<br>tu<br>lui/lei |
|---|---|
| sapere | io<br>tu<br>lui/lei |
| venire | io<br>tu<br>lui/lei |
| andare | io<br>tu<br>lui/lei |
| potere | io<br>tu<br>lui/lei |
| fare | io<br>tu<br>lui/lei |
| vincere | io<br>tu<br>lui/lei |
| leggere | io<br>tu<br>lui/lei |

 **2 Ora scrivi le forme plurali dei verbi.**

| dire | noi<br>voi<br>loro |
|---|---|
| sapere | noi<br>voi<br>loro |
| venire | noi<br>voi<br>loro |
| andare | noi<br>voi<br>loro |
| potere | noi<br>voi<br>loro |
| fare | noi<br>voi<br>loro |
| vincere | noi<br>voi<br>loro |
| leggere | noi<br>voi<br>loro |

**3 Labirinto.**

**Decidi se oggi ti senti un po' solitario oppure se hai voglia di stare in compagnia. Se ti senti solo, parti da SINGOLARE, se sei allegro, parti da PLURALE. Devi seguire il percorso passando solo sui verbi singolari o solo sui plurali. Dove arrivi?**

SONO PARTITO DA _____ E SONO ARRIVATO A _____

Singolare                                                                                                    Plurale

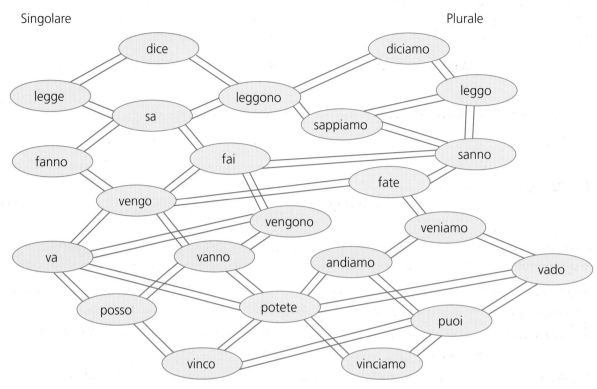

**4 Scegli l'indicazione di luogo corretta.**

**1** a) vicino, b) di fianco, c) davanti, d) di fronte

**2** a) sotto, b) dietro, c) su, d) di fianco

**3** a) tra, b) vicino, c) davanti, d) dietro

**4** a) su, b) sotto, c) tra, d) di fronte

**5** a) di fianco, b) davanti, c) dietro, d) di fronte

**6** a) su, b) sotto, c) tra, d) di fianco

**7** a) di fronte, b) dietro, c) su, d) sotto

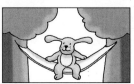

**8** a) vicino, b) davanti, c) tra, d) dietro

**5 Metti le preposizioni articolate e poi forma il plurale.**

| 1 ..................... albero (su) | 1 .............................................. |
|---|---|
| 2 ..................... amico di Franco (da) | 2 .............................................. |
| 3 ..................... sedia (su) | 3 .............................................. |
| 4 ..................... insegnante (di) | 4 .............................................. |
| 5 ..................... parete (su) | 5 .............................................. |
| 6 ..................... armadio (in) | 6 .............................................. |
| 7 ..................... giornale (su) | 7 .............................................. |
| 8 ..................... appartamento (in) | 8 .............................................. |

**6 Completa le frasi con un verbo e una preposizione dai riquadri.**

**1** Franco e Luisa ........................ un nuovo lavoro ........................ primo ........................
giugno ........................ anno scorso.

**2** I miei cugini ........................ spesso ........................ noi a cena.

**3** Luca, ........................ passarmi la bottiglia ........................ acqua che è ........................ tavolo,
........................ favore?

**4** L'Italia non ........................ il mondiale ........................ calcio ........................ 1982.

**5** Ruba, ........................ dove ........................? ........................ Siria?

**6** Quando non sono ........................ Italia ........................ spesso gli articoli ........................
giornali italiani ........................ Internet.

**7** Domani Carlo ........................ ........................ Inghilterra ........................ tre mesi a
........................ un corso ........................ inglese.

**8** Silvia, mi ........................ un favore? ........................ farmacista
........................ ........................ le aspirine?

**9** - ........................ chi ........................ questo libro?
- È ........................ ragazzo ........................ Ilaria.

**10** Gli italiani ........................ sempre ........................ vacanza ........................ agosto.

comprare, vanno, fai, vieni, vai, hanno, vengono, va, puoi, è, vince, fare, leggo

del, di, in, in, a, dei, su, per, dell', in, dal, da, dell', dalla, di, dal, d', sul, per, da, di, dal, in

## lessico

**1 Scrivi le date.**

**1** 1/6/2002 .........................................................................................

**2** 8/10/1987 .........................................................................................

**3** 12/10/1492 .........................................................................................

**4** 17/04/2001 .........................................................................................

**5** 1/1/1963 .........................................................................................

**6** 9/7/1789 .........................................................................................

**7** 19/11/1937 .........................................................................................

**8** 28/12/1917 .........................................................................................

### 2 Trova il colore.

**1** È il colore dell'erba, delle foglie, degli alberi in primavera e estate. È il colore della speranza.

....................................................

**2** È il colore che non piace ai tori nelle corride. È il colore del sangue. È il colore della bandiera comunista.

....................................................

**3** È il colore del cielo e del mare.                ....................................................

**4** È il colore degli alberi in autunno e inverno e di molti mobili.

....................................................

**5** È il colore della notte.                ....................................................

**6** È il colore del sole.                ....................................................

### 3 Crucimese

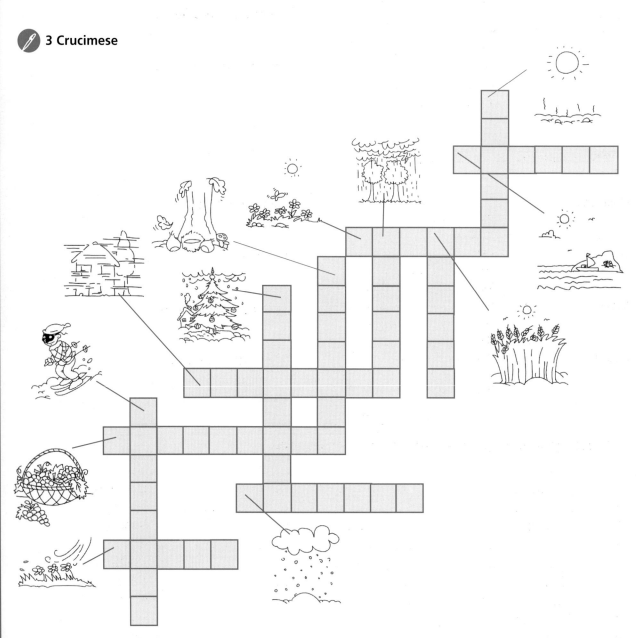

## grammatica

 **1 Scrivi le forme singolari dei verbi riflessivi.**

| chiamarsi | io ........................... tu ........................... lui ........................... | Camillo. |
|---|---|---|
| svegliarsi | io ........................... tu ........................... lui ........................... | sempre alle 7. |
| lavarsi | io ........................... tu ........................... lui ........................... | spesso con acqua fredda. |
| alzarsi | io ........................... tu ........................... lui ........................... | raramente dopo le 7.30. |

 **2 Scrivi le forme plurali dei verbi riflessivi.**

| chiamarsi | noi ........................... voi ........................... loro ........................... | Camillo e Sandra. |
|---|---|---|
| svegliarsi | noi ........................... voi ........................... loro ........................... | sempre alle 7. |
| lavarsi | noi ........................... voi ........................... loro ........................... | spesso con acqua fredda. |
| alzarsi | noi ........................... voi ........................... loro ........................... | raramente dopo le 7.30. |

 **3 Metti gli articoli, gli aggettivi e i pronomi dimostrativi.**

| | | | |
|---|---|---|---|
| 1 ..........il.............. | ........questo........ | ........quel.......... | quaderno |
| 2 ........................... | ........................... | ........................... | ufficio |
| 3 ........................... | ........................... | ........................... | studente |
| 4 ........................... | ........................... | ........................... | città |
| 5 ........................... | ........................... | ........................... | scuola |
| 6 ........................... | ........................... | ........................... | amica |
| 7 ........................... | ........................... | ........................... | università |
| 8 ........................... | ........................... | ........................... | letto |
| 9 ........................... | ........................... | ........................... | anno |
| 10 ......................... | ........................... | ........................... | animale |

**4 Metti al plurale le parole dell'esercizio 3.**

| ...........i............... | ........questi......... | .........quei.......... | quadern...i... |
| ........................... | ........................... | ........................... | uffic....... |
| ........................... | ........................... | ........................... | student....... |
| ........................... | ........................... | ........................... | citt....... |
| ........................... | ........................... | ........................... | scuol....... |
| ........................... | ........................... | ........................... | amic....... |
| ........................... | ........................... | ........................... | universit....... |
| ........................... | ........................... | ........................... | lett....... |
| ........................... | ........................... | ........................... | ann....... |
| ........................... | ........................... | ........................... | animal....... |

 **5 Rispondi alle domande come nell'esempio.**

**1** Quali sono i libri di Giovanni?

..Ecco i suoi libri...................................................................................

**2** Quali sono i regali di Silvano e Stefania?

....................................................................................................

**3** Qual è la casa dei genitori di Elisa?

....................................................................................................

**4** Qual è la tua bicicletta?

....................................................................................................

**5** Quali sono i vostri figli?

....................................................................................................

**6** Quali sono gli amici di Mattia?

....................................................................................................

**6 Verbi irregolari al presente**

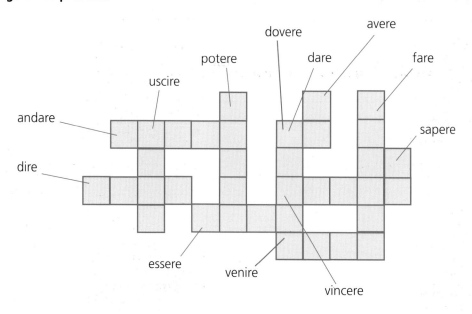

**7 Cruciverba sui giorni della settimana**

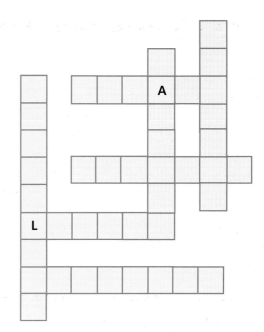

## lessico

**1 Metti in ordine da *sempre* a *mai* gli avverbi di frequenza.**

raramente ☐

di solito ☐

sempre ☐

quasi sempre ☐

a volte ☐

spesso ☐

mai ☐

**2 Scegli il verbo.**

1 a) svegliarsi, b) fare colazione, c) lavorare, d) pranzare

2 a) lavarsi, b) alzarsi, c) fare la doccia, d) guardare la tv

3 a) lavarsi, b) guardare la tv, c) finire di lavorare, d) fare colazione

4 a) cenare, b) alzarsi, c) lavorare, d) fare colazione

5 a) andare a letto, b) pranzare, c) finire di lavorare, d) lavorare

6 a) fare la doccia, b) cenare, c) andare a letto, d) pranzare

7 a) alzarsi, b) pranzare, c) cenare, d) fare la doccia

8 a) svegliarsi, b) cenare, c) guardare la tv, d) andare a letto

**3 Abbina gli orari scritti in cifre alla trascrizione in lettere.**

le tre e mezza

1,30

**12,00**

le nove e un quarto

5,45

9,15

**le dodici**

le undici e cinque

l'una e mezza

3,30

le sei meno un quarto

11,05

## grammatica

 **1 Metti gli articoli e forma il plurale dei nomi.**

| | | | |
|---|---|---|---|
| **1** .....il..... | bar | .....i....... | ........bar........... |
| **2** ........... | autobus | ........... | ...................... |
| **3** ........... | macellaio | ........... | ...................... |
| **4** ........... | zio | ........... | ...................... |
| **5** ........... | foto | ........... | ...................... |
| **6** ........... | psicologo | ........... | ...................... |
| **7** ........... | moto | ........... | ...................... |
| **8** ........... | uomo | ........... | ...................... |
| **9** ........... | crisi | ........... | ...................... |
| **10** ........... | virtù | ........... | ...................... |
| **11** ........... | amico | ........... | ...................... |
| **12** ........... | città | ........... | ...................... |
| **13** ........... | film | ........... | ...................... |
| **14** ........... | caffè | ........... | ...................... |

**2 Completa le frasi e il cruciverba con le parole del riquadro.**

Cameriere: Buonasera. Siete in due?

Di Napoli: Buonasera. Sì, avete un tavolo tranquillo dove ............1............. parlare di affari?

Cameriere: Sì, di fianco a quella pianta. Prego, se ............2............., ...........3............. sedervi, il menù è sul tavolo.

Sandro: Hmm, io ...........4............. un antipasto e un primo.

Di Napoli: E da bere? Cosa ...........5.............?

Sandro: ...........6............. dell'acqua.

Cameriere: ...........7............. ordinare?

Di Napoli: Sì, allora, per me un piatto di risotto ai funghi e della carne alla griglia.

Cameriere: E di contorno?

Di Napoli: Sì, allora; ...........8............. dell'insalata mista.

Cameriere: E lei, cosa ...........9............. mangiare?

Sandro: Un antipasto di mare e un piatto di penne all'arrabbiata.

Cameriere: E da bere?

Di Napoli: Acqua minerale e una bottiglia di vino rosso della casa.

> volete, vorrei, volete, vorrei, vuoi, possiamo, potete, vorrei, vorrebbe

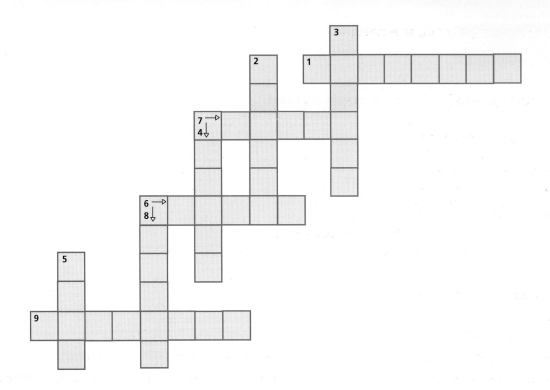

 **3 Rispondi alle domande.**

**1** Questa bicicletta è di Jorge?
No, *non è la sua. La sua è verde* ........................... (verde)
**2** Questo è il ristorante di Roberto e Emilio?
No, ..................................................................... (vicino alla banca)
**3** Quella è la tua ragazza?
No, ..................................................................... (di Giuseppe; i capelli biondi.)
**4** Quelli sono i vostri figli?
No, ..................................................................... (dei nostri vicini).
**5** Quella è la vostra casa o la casa di Paolo?
.....................................................................
**6** Di chi sono la pizza ai quattro formaggi e la margherita? Di Carmela e Pasquale?
No, ..................................................................... (alle verdure).

 **4 Trova i numeri ordinali all'interno dello schema.**

```
H  U  T  D  P  H  D  G  S  K
G  H  K  L  E  H  R  T  R  S
Z  X  C  V  F  C  I  N  M  E
P  R  I  M  O  H  I  H  O  S
Q  U  I  N  T  O  K  M  Y  T
U  N  U  O  T  E  R  Z  O  O
A  T  O  F  A  M  U  I  L  H
R  U  G  N  V  I  H  U  Y  T
T  S  E  C  O  N  D  O  L  P
O  R  S  E  T  T  I  M  O  A
```

28

**5 Correggi gli errori, se necessario.**

**1** Ho gli amici molto simpatici.

*...Ho degli amici molto simpatici....................................*

**2** Hai della sigaretta?

..................................................................................................

**3** C'è ancora un vino in casa?

..................................................................................................

**4** C'è della birra in frigorifero?

..................................................................................................

**5** Devo comprare uno zucchero, una farina e poi?

..................................................................................................

**6** Va' dal salumiere e chiedi se hanno ancora delle uova.

..................................................................................................

 **6 Metti in ordine il dialogo.**

| Pietro | Chiara |
|---|---|
| Posso andare adesso? | Non lo so, guarda cosa c'è nel frigo. |
| Di cosa abbiamo bisogno? | Possibile che pensi solo a bere? Se hai sete, compra un pacchetto di tè. Ah e due scatole di tonno e tre di fagioli. |
| Ciao. Ah, e i soldi? | Sì, ma non dimenticare le sigarette! |
| Oggi devo andare io a fare la spesa, vero? | Tieni. Di quanti soldi hai bisogno? |
| Di 50 euro. | Sì, tocca a te. |
| Non c'è quasi niente. Allora: latte, uova, yogurt, burro... no, il burro c'è. Birra, almeno 15 bottiglie di birra. | Compra anche mezzo chilo di carne di manzo per fare delle fettine.... E un pollo. Ah, io vorrei anche uno o due etti di prosciutto e un melone. |
| Nient'altro? Vino, whisky? | |

## lessico

 **1 Dividi i cibi del riquadro a seconda dei pasti. A volte si ripetono.**

*carne, sale, latte, uova, patate, formaggio, burro, vino, olio, mela, pera, pomodori, prosciutto, aceto, cipolle, aglio, farina, caffè, acqua minerale, birra*

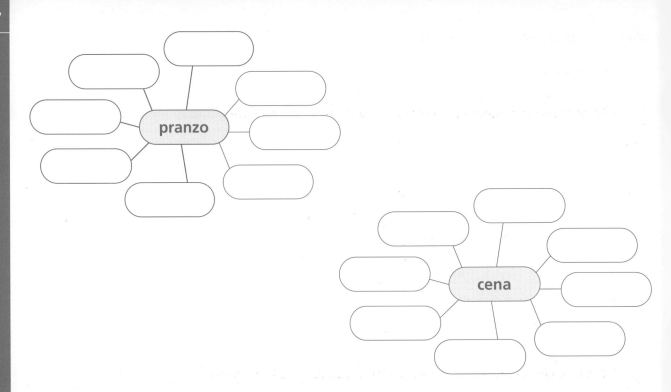

 **2 Cruciverba sui piatti**

## grammatica

 **1 Scrivi le forme singolari dei verbi** *dovere, sapere, volere, potere.*

| dovere | io<br>tu<br>lui/lei |
|---|---|
| sapere | io<br>tu<br>lui/lei |
| volere | io<br>tu<br>lui/lei |
| potere | io<br>tu<br>lui/lei |

 **2 Ora scrivi le forme plurali dei verbi** *dovere, sapere, volere, potere.*

| dovere | noi<br>voi<br>loro |
|---|---|
| sapere | noi<br>voi<br>loro |
| volere | noi<br>voi<br>loro |
| potere | noi<br>voi<br>loro |

 **3 Trasforma i verbi alla forma** *stare* **+ gerundio.**

**1** vado ...........................................................................

**2** mangiamo ...........................................................................

**3** ascoltate ...........................................................................

**4** leggi ...........................................................................

**5** fanno ...........................................................................

**6** dice ...........................................................................

**7** finisco ...........................................................................

**8** dormi ...........................................................................

 **4 Rispondi alle domande.**

**1** Cosa stanno facendo i tuoi genitori?

................................................................. (giocare a carte)

**2** Cosa sta facendo Maurizio?

................................................................. (guardare la televisione)

**3** Cosa sta facendo Giovanna?

.................................................................. (scrivere un messaggio e-mail)

**4** Cosa sta facendo Luisa?

.................................................................. (preparare la cena)

**5** Cosa stanno facendo Francesco e Luca?

.................................................................. (navigare in Internet)

**6** Cosa stai facendo?

.................................................................. (dormire)

 **5 Metti le frasi alla forma *stare* + gerundio, quando è possibile.**

**1** Che cosa dici? Tu non sai niente dei miei problemi.

..........................................................................................

**2** - Cosa fai?

   - Guardo una partita del mondiale di calcio.

..........................................................................................

**3** Sono in Italia da tre anni.

..........................................................................................

**4** Ho una piccola casa al mare dove vado spesso in estate.

..........................................................................................

**5** Marco, se esci mi compri due etti di prosciutto di Parma?

..........................................................................................

**6** In questo periodo mangio troppo.

..........................................................................................

**7** - Dov'è Cecilia?

   - È in camera sua. Dorme.

..........................................................................................

**8** Sai quanti anni ha mia nonna? 85, non sembra, vero?

..........................................................................................

**6 Crucinumeri**

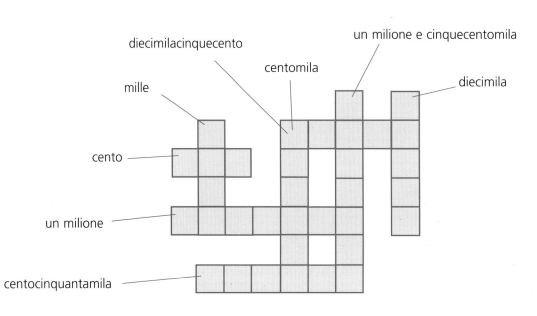

**7 Metti in ordine il dialogo.**

| Salumiere | Cliente |
|---|---|
| **1)** Quanto prosciutto desidera? | **a)** No. Vorrei un po' di prosciutto crudo. |
| **2)** Sono quasi due etti. È troppo? | **b)** No, va bene |
| **3)** *Buongiorno, Signora Sanna* | **c)** Buongiorno. |
| **4)** Ecco il prosciutto. Poi? | **d)** È tutto grazie. Quant'è? |
| **5)** Questo va bene? | **e)** Un po'.... non so... un etto e mezzo circa. |
| **6)** 15 euro al chilo. | **f)** Quanto costa? |
| **7)** La stanno servendo? | **g)** Un pezzo di formaggio parmigiano. |
| **8)** E poi? | **h)** Ecco a Lei 20 euro. |
| **9)** Allora… sono 16 euro e 25 centesimi. | **i)** Arrivederci. |
| **10)** Nient'altro? | **l)** Il latte. E anche un chilo di pane. |
| **11)** Ecco il resto. Arrivederci e grazie. | **m)** Allora, un chilo di parmigiano. |

| 3 | | | | | | | | | | | | | | | | | | |
|---|---|---|---|---|---|---|---|---|---|---|---|---|---|---|---|---|---|---|

## lessico

**1 Che prodotti compri nei vari posti? Scrivi almeno 5 nomi per ogni negozio.**

Dal salumiere      Al supermercato      Dal cartolaio      Dal fruttivendolo

1. ............................      ............................      ............................      ............................

2. ............................      ............................      ............................      ............................

3. ............................      ............................      ............................      ............................

4. ............................      ............................      ............................      ............................

5. ............................      ............................      ............................      ............................

## grammatica

**1 Rispondi alle domande con i pronomi possessivi e dimostrativi.**

**1** Quali sono i libri di Giovanni? (Giovanni/noi)
...*Questi sono i suoi e quelli sono i nostri*.............................

**2** Qual è la macchina di Silvano e Stefania? (Silvano e Stefania/io).
.........................................................................................

**3** Qual è la casa dei genitori di Elisa? (i genitori di Elisa/noi)
.........................................................................................

**4** Qual è la tua bicicletta? (io/tu e Anna)
.........................................................................................

**5** Quali sono le ragazze di Giorgio e Gianni? (io/Giorgio e Gianni)
.........................................................................................

**6** Qual è il computer di Matteo? (noi/Matteo)
.........................................................................................

**2 Completa la tabella con i pronomi personali atoni diretti.**

| *prima persona* | | *singolare* | *plurale* |
|---|---|---|---|
| *seconda persona* | | | |
| *terza persona* | maschile | | |
| | femminile | | |
| | riflessiva | | |

**3 Rispondi alle domande.**

**1** Vedi spesso film in lingua originale? .................................... (mai)
**2** Parli inglese? .................................... (molto bene)
**3** Mangi spesso pasta? .................................... (ogni giorno)
**4** A che ora ci vediamo stasera? .................................... (alle dieci)
**5** Sai dove abita Pietro? No, ................................
**6** Quando mi chiami? .................................... (stasera)
**7** Capisci la scrittura di Paola? .................................... (per niente)
**8** Non ci invitate mai a cena! .................................... (sempre per Natale)

**4 Completa il dialogo con i pronomi come nell'esempio.**

Ragazzo: Accidenti! Io la Schiavi, non .la.. capisco!
Ragazza: Neanch'io! E soprattutto non ......2...... sopporto. Ha la capacità di farmi odiare la storia.
Ragazzo: Tra due ore abbiamo inglese. Ci sono un sacco di compiti. ......3...... facciamo adesso?
Hai il quaderno?
Ragazza: No, non ce ......4...... ho; ce ......5...... ha Piero.
Ragazzo: Prendi un foglio del mio.
Ragazza: Dove sono i miei occhiali?
Ragazzo: E quelli cosa sono? ......6...... hai in testa.
Insegnante: Ehi, voi due! Cosa state facendo? ......7...... vedo e ......8...... sento, cosa credete?
Smettete di chiacchierare!
Ragazzo: Hai ragione. È insopportabile!

## 5 Rispondi alle domande come nell'esempio.

1 Hai il numero di Camilla?      Sì, .....ce.l'ho.........................................
2 Avete l'e-mail di Andrea?      No, ..................................................
3 Tua madre ha la ricetta delle lasagne al radicchio?      Sì, ..................................................
4 Hai il computer a casa?      No, ..................................................
5 Hai 10 euro da prestarmi?      No, ..................................................
6 Hai il video e le foto del tuo matrimonio?      Sì, ..................................................

## 6 Completa le frasi con i pronomi atoni diretti.

1 Oggi è l'anniversario di matrimonio dei miei genitori; stasera ............ chiamo.
2 Vorrei andare a trovare Maria e Franca; non ............ vedo da due anni.
3 Quando sento Cristina, ............ invito a cena.
4 Cosa stai facendo? La pizza? ............ posso provare?
5 Cecilia, dove sei? Non ............ vedo!
6 Pronto, siamo Tony e John! ............ sentite?
7 Non ci sono più limoni in casa, vado al mercato e ............ compro.
8 Dove sono le mie scarpe? Non ............ trovo.

## 7 Metti la preposizione di tempo.

1 Oggi abbiamo lezione ................. 8 ................. 12.
2 Il corso inizia ................. luglio.
3 ................. primavera l'Italia è un paese stupendo.
4 La Seconda Guerra Mondiale è durata ................. 1939 ................. 1945.
5 ................. Lunedì prossimo andiamo al mare.
6 Ho un nuovo contratto di lavoro ................. 4 anni, ................. 2003 ................. 2007.
7 ................. 2020 compio 50 anni.
8 L'estate in Italia dura ................. giugno ................. settembre.

## lessico

## 1 Completa il cruciverba con i nomi degli oggetti.

**2 Ci sono tre oggetti che ti presentiamo nel libro di classe e che qui non vedi. Quali?**

a) L _ _ _ _ _ A L _ _ _ _ _ _ A

b) L _ _ _ O

c) C _ _ _ _ _ A G _ _ _ _ _ _ _ _ A

**3 Che cosa sono?**

1 bello .......................................... *aggettivo* ..........................................

2 di ..........................................................................................................

3 andare ..................................................................................................

4 *Giovanni* è italiano. ............................................................................

5 computer ..............................................................................................

6 alto ........................................................................................................

7 naturalmente ........................................................................................

8 li ............................................................................................................

9 e ............................................................................................................

10 *al mercato* compro spesso *la frutta*. ..............................................

11 il ..........................................................................................................

12 mai ......................................................................................................

## grammatica

**1 Che strano piacere! Il verbo *piacere* provoca uno... spiacevole problema: una C oppure 2?**
**Completa lo schema:**

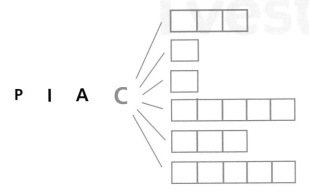

P I A C

**2 Completa la tabella con i pronomi personali atoni indiretti.**

| prima persona | | singolare | plurale |
|---|---|---|---|
| seconda persona | | | |
| terza persona | maschile | | |
| | femminile | | |
| | riflessiva | | |

**3 Completa il dialogo con i pronomi.**

Commessa: Buonasera Signora. Desidera?

Cliente: Sto cercando un maglione.

Com.: Sì, è per Lei?

Cl.: Sì è per me.

Com.: Come ......1...... piace? Abbiamo maglioni di vari tipi.

Cl.: Dunque, vorrei un maglione a tinta unita, di colore non scuro, anzi abbastanza chiaro, con un disegno un po' moderno...

Com.: ......2...... faccio provare questo che ......3...... sembra adatto per Lei. Che taglia porta?

Cl.: Porto una M solitamente. Però quello non ......4...... piace, vorrei un colore forte, caldo.

Com.: Allora questo. È un giallo molto bello, il modello è sportivo, ma raffinato allo stesso tempo.

Cl.: Posso provar......5......?

Com: Certamente.

Cl.: ......6...... sta bene?

Com.: Secondo me sì. ......7...... piace?

Cl.: Sì, molto. Quanto costa?

Com.: 75 euro... Però ......8...... faccio uno sconto di 15 euro. Fino a domani ci sono i saldi.

Cl.: Va bene, ......9...... prendo.

**4 Rispondi alle domande come nell'esempio.**

**1** A Francesca piacciono i funghi?

...Sì, le piacciono, ma preferisce i tartufi............... (i tartufi)

**2** A Rossano e Roberto piace il calcio?

................................................................. (la pallavolo)

**3** Ti piace il teatro?

................................................................. (il cinema)

**4** Vi piace scrivere agli amici messaggi di posta elettronica?

................................................................. (le lettere tradizionali)

**5** A Matteo piace vivere a Milano?

................................................................. (Roma)

**6** A Donatella piacciono i cani?

................................................................. (i gatti)

**5 Scrivi frasi di significato contrario con il verbo *piacere* e i pronomi.**

**1** Luigi detesta le donne.

...Gli piacciono le donne...........................................

**2** Non sopporto viaggiare.

.................................................................

**3** Odiate lavorare.

.................................................................

**4** Non sopportiamo la televisione.

.................................................................

**5** Non ami leggere.

.................................................................

**6** Sabrina detesta la musica inglese.

.................................................................

**6 Completa le frasi con i pronomi personali atoni diretti o indiretti.**

**1** Devo parlare con Ramona. ............. voglio dire che ............. amo.

**2** Se vedi Tom, ............. riconosci subito: è alto 2 metri e 5.

**3** Stasera vediamo il video che ............. hai dato questa mattina.

**4** I Rossi hanno una bambina di un anno che ............. rende felici.

**5** Di' a Pamela che ............. chiamo questa sera.

**6** Se ............. invito all'inaugurazione della mia esposizione, ci venite?

**7** Mia nonna ............. parla spesso di quando era giovane e io ............. ascolto con interesse.

**8** Gloria, ............. va di venire al cinema con me stasera?

**9** Patrizia, quel vestito verde ............. sta benissimo! Non mi dire che non ............. piace.

**10** Se scrivi a Mario, ............. potresti dire che vorrei riveder............. presto?

**7 Abbina le frasi delle due colonne.**

| | |
|---|---|
| **1)** Stasera penso di lavorare | **a)** da molti anni. |
| **2)** L'agenzia ha offerto a Sandra un lavoro temporaneo | **b)** durante una festa. |
| **3)** Vivo a Bologna | **c)** fino a mezzanotte. |
| **4)** Patrizia ha conosciuto Fausto | **d)** in ottobre. |
| **5)** Il mio compleanno è | **e)** per tre mesi. |
| **6)** Solitamente lavoro | **f)** da lunedì a venerdì. |

## lessico

 **1 Completa gli schemi con i nomi dei vestiti.**

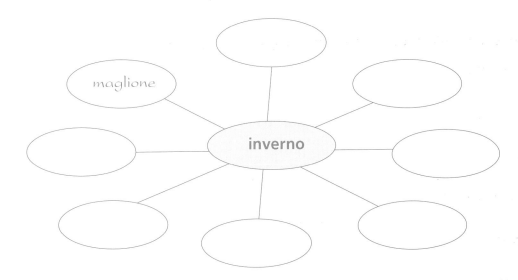

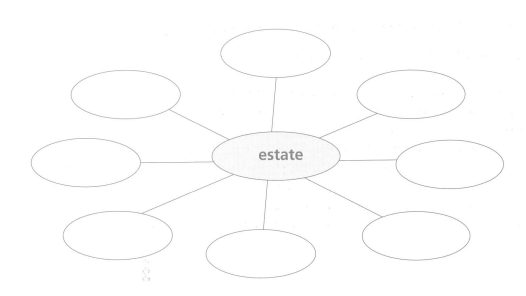

i vestiti e i colori

 **2 Cruciverba sui vestiti**

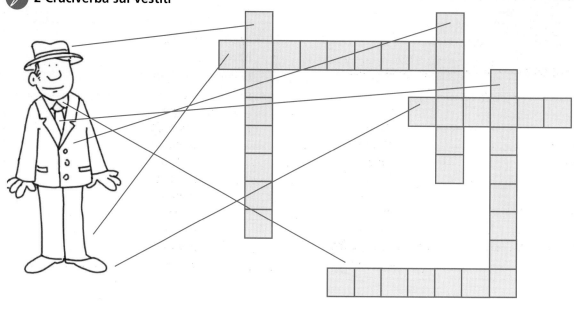

## grammatica

**1 Completa la tabella con i participi passati.**

| | | | | | |
|---|---|---|---|---|---|
| bere | ................. | fare | ................. | rimanere | ................. |
| chiedere | ................. | leggere | ................. | rispondere | ................. |
| chiudere | ................. | mettere | ................. | scegliere | ................. |
| correggere | ................. | nascere | ................. | scrivere | ................. |
| correre | ................. | offrire | ................. | succedere | ................. |
| cuocere | ................. | perdere | ................. | tradurre | ................. |
| decidere | ................. | piacere | ................. | vedere | ................. |
| dire | ................. | piangere | ................. | venire | ................. |
| dividere | ................. | (pro)porre | ................. | vincere | ................. |
| essere | ................. | prendere | ................. | vivere | ................. |

**2 Scrivi il verbo all'infinito.**

| | |
|---|---|
| perso | ..................................... |
| corso | ..................................... |
| vinto | ..................................... |
| stato | ..................................... |
| rimasto | ..................................... |
| nato | ..................................... |
| vissuto | ..................................... |
| successo | ..................................... |
| letto | ..................................... |
| cotto | ..................................... |

**3 Metti i verbi al singolare.**

| | |
|---|---|
| avete proposto | ..................................... |
| sono arrivate | ..................................... |
| abbiamo letto | ..................................... |
| hanno scritto | ..................................... |
| siamo andati | ..................................... |
| siete tornate | ..................................... |
| sono vissuti | ..................................... |
| abbiamo amato | ..................................... |
| sono nate | ..................................... |
| avete scelto | ..................................... |

**4 Ai verbi del testo seguente è successo qualcosa. Prova a metterli in ordine.**

Allora...10 giorni fa **ho dato** una lettera con un biglietto con scritto: "Complimenti! Lei **ha trovato** un week-end di sport presso il Centro Natura e Salute"... Poi l'indirizzo e il numero di telefono. Così **ho ripreso** e mi **hanno confermato** tutto, ma non mi **hanno visto** dire come mai **hanno vinto** questo premio proprio a me. **Sono salita**, curiosa di saperne di più e quando **sono andata** là, ho **ricevuto** molte altre persone che come me avevano vinto un week-end presso quel centro.

La cosa si è fatta subito misteriosa: mi **hanno voluto** una stanza e la chiave... **sono arrivata** nella mia camera e curiosa come sempre, dietro la porta **ho dato** un cartello con i prezzi: per la pensione completa il prezzo era di 60 euro al giorno comprese le attività sportive. Invece il prezzo della pensione completa della seconda possibilità dal nome abbastanza chiaro "prezzo week-end di sport gratuito" era di 45 euro, ma gli sport naturalmente erano gratuiti.

Ti puoi immaginare la mia rabbia e la velocità con cui me ne **sono partita** via... **Ho telefonato** i miei documenti e urlando sono ripartita... Gli altri "vincitori" probabilmente hanno fatto la stessa cosa...
Intervistatore: Mica male come avventura.

**5 Trasforma le frasi al passato prossimo facendo attenzione all'accordo del participio passato.**

**1** Oggi non vado a lavorare.
Ieri ...........................................................................................................
**2** Stasera usciamo a mangiare una pizza.
Sabato scorso.........................................................................................
**3** Domenica prossima Patty parte per le vacanze.
Domenica scorsa......................................................................................
**4** Antonella e Carla arrivano lunedì sera.
................................................................................. lunedì scorso.
**5** Mario e Linda cambiano casa l'anno prossimo.
................................................................................. l'anno scorso.
**6** Gli studenti entrano a scuola alle 8.
Ieri ...........................................................................................................

**6 Fa' le domande.**

**1** ............................................................................................
Di domenica di solito molto tardi, ma oggi fino alle 7.
**2** ............................................................................................
Perché sono andato al mare.
**3** ............................................................................................
Con la mia ragazza e due amici.
**4** ............................................................................................
No, in moto.
**5** ............................................................................................
In un ristorante dove fanno il pesce in modo meraviglioso.
**6** ............................................................................................
Verso le 7.
**7** ............................................................................................
Alle 9 circa.
**8** ............................................................................................
Niente, sono andato a letto subito.

**7 Racconta la storia di Antonella.**

**1** 1973/nascere/Verona

.......................................................................

**2** 1976/andare/asilo

.......................................................................

**3** 1979/iniziare/scuola elementare

.......................................................................

**4** 1987-1992/liceo classico

.......................................................................

**5** 1992-1997/architettura/Università di Venezia

.......................................................................

**6** 10-1997/andare/Inghilterra

.......................................................................

**7** 3-1998/conoscere Robert

.......................................................................

**8** 9-1999/nascere/Alice e Nina

.......................................................................

**9** 2001/tornare/Italia

.......................................................................

**10** 2002/trovare/lavoro/Padova.

.......................................................................

**8 Il labirinto degli ausiliari. Si parte dal verbo AVERE, in alto a sinistra; percorri il labirinto andando solo sui verbi che richiedono l'ausiliare AVERE per formare il passato prossimo: se segui il percorso corretto, arrivi a *brindare*... altrimenti torna indietro e scopri dove hai sbagliato strada.**

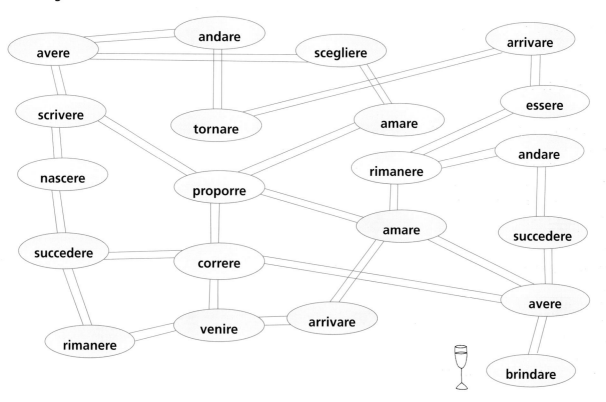

**lessico**

✏ **1 Scegli l'attività.**

1

.................................
.................................

a) fotografare, b) raccogliere monete,
c) osservare le stelle

2

.................................
.................................

a) andare a pesca, b) cantare,
c) andare a caccia

3

.................................
.................................

a) dipingere, b) fare teatro,
c) fare la maglia

4

.................................
.................................

a) andare a pesca, b) andare in
bicicletta, c) suonare uno strumento

5

.................................
.................................

a) fare trekking, b) cucinare,
c) fotografare

6

.................................
.................................

a) raccogliere monete, b) suonare
uno strumento, c) osservare le stelle

7

.................................
.................................

a) fare trekking, b) andare a caccia,
c) dipingere

8

.................................
.................................

a) fare teatro, b) andare in bicicletta,
c) dipingere

**2 Inserisci le parole mancanti nello schema, basandoti sulle lettere che trovi già inserite.**

Nella tradizione italiana, in ogni ........................... grande o piccola, e anche nei ........................... sparsi nella campagna, il centro di incontro era la ..........................., il luogo dove ci si trovava con gli amici a chiacchierare; è un'abitudine che sta scomparendo: molti preferiscono guardare film, a casa in ........................... oppure nei grandi................................ multisala, dove spesso ci sono anche bar, sale da bowling, ecc.
Ci sono due nuove forme di passatempo che hanno tolto i ragazzi dalle piazze: da un lato, il mito della forma fisica li spinge a passare ore in ..........................., dall'altro la passione del........................... in internet sta contagiando un po' tutti – e vuol dire che per ore si resta da soli, anziché chiacchierare in piazza con gli.......................................!

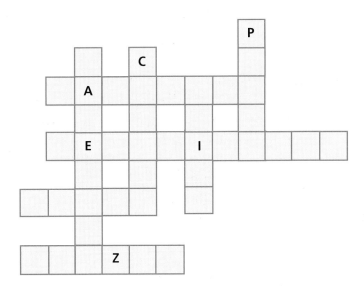

grammatica

 **1 Completa il dialogo con i participi passati. Attenzione all'accordo!**

Sandro: Ti piace?

Maria: Sì, è bellissima!

Sandro: È la prima volta che vieni ad Assisi?

Maria: Sì, non ci sono mai .........1.......... prima. È una città molto affascinante!

Sandro: Dove hai .........2.......... le vacanze l'estate scorsa?

Maria: Le ho .........3.......... a casa. Ho .........4.......... lavorare per poter venire in Italia. E tu?

Sandro: Sono .........5.......... negli Stati Uniti. Ti ho .........6.......... che ho fatto un corso... e poi è .........7.......... mia cugina Ilaria e l'ho .........8.......... in California.

Maria: Vi siete .........9..........?

Sandro: Un sacco!

 **2 Sostituisci alle parole in corsivo un pronome e accorda il participio, se necessario.**

**1** Non ho mai capito *il greco*.

...........................................................................

**2** Ho chiamato *i miei genitori* questa mattina.

...........................................................................

**3** Ho visto *la mia ex-ragazza* nel parco.

...........................................................................

**4** Quando abbiamo invitato *Gino e Gabriella* a cena l'ultima volta?

...........................................................................

**5** Hai sentito *Loretta e Paola*?

...........................................................................

**6** Hai letto *i risultati delle elezioni*?

...........................................................................

 **3 Metti le frasi al plurale.**

**1** Ieri Paolo si è fumato 30 sigarette almeno.

(Paolo e Laura) ...........................................................................

**2** Ieri mi sono divertito un sacco in montagna.

...........................................................................

**3** A che ora ti sei addormentata ieri sera?

(Tu e Costanza) ...........................................................................

**4** Silvestro si è svegliato alle tre stanotte.

(Silvestro e Graziano) ...........................................................................

**5** Che caldo! Mi sono appena lavato e già sto sudando!

...........................................................................

**6** Virginia, ti sei arrabbiata, ma non hai ragione!

(Virginia e Sofia) ...........................................................................

 **4 Rispondi alle domande.**

**1** Hai preso tu la mia penna?

Sì, ...me l'ha data Emilia.......................................... (dare/Emilia)

**2** Hai già fatto tutti gli esami di francese e inglese all'università?

No, ........................................................... Mi manca il terzo di inglese.

**3** Hai comprato il caffè per tua nonna?
Sì, ................................................................................................................ questa mattina.
**4** Quando hai visto i tuoi amici scozzesi per l'ultima volta?
.......................................................................................…....... (l'estate scorsa)
**5** Come ti è sembrata Rita?
.........................................................................…............. (trovare/simpatica)
**6** Dove hai messo le mie chiavi?
Non lo so............................................................................…........... (prendere/ultima volta)

**5 Cos'ha fatto Andrea oggi?**

1 ....................................................................................................................
2 ....................................................................................................................
3 ....................................................................................................................
4 ....................................................................................................................
5 ....................................................................................................................
6 ....................................................................................................................
7 ....................................................................................................................
8 ....................................................................................................................
9 ....................................................................................................................

**6 E tu? Scrivi dieci frasi che riguardano azioni che hai fatto oggi diverse da quelle di Andrea.**

1 ....................................................................................................................
2 ....................................................................................................................
3 ....................................................................................................................
4 ....................................................................................................................
5 ....................................................................................................................
6 ....................................................................................................................
7 ....................................................................................................................
8 ....................................................................................................................
9 ....................................................................................................................
10 ..................................................................................................................

**1 Vacanze italiane. In ogni gruppo c'è un intruso: ad esempio, una città che non c'entra con le altre perché non ha il mare, è in una zona diversa, ecc.; oppure uno sport da fare in vacanza che non si può fare dove si fanno gli altri, e così via. Trova gli intrusi e scrivili nello schema: scoprirai il nome del grande, eterno nemico delle vacanze!**

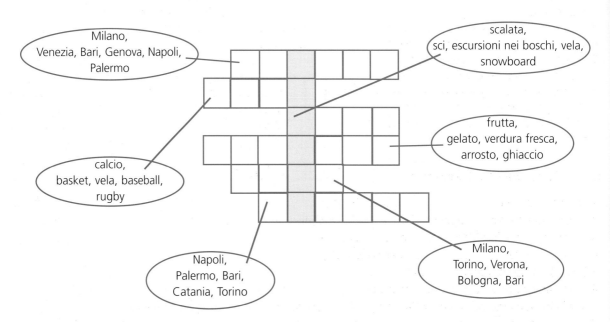

Milano, Venezia, Bari, Genova, Napoli, Palermo

scalata, sci, escursioni nei boschi, vela, snowboard

calcio, basket, vela, baseball, rugby

frutta, gelato, verdura fresca, arrosto, ghiaccio

Napoli, Palermo, Bari, Catania, Torino

Milano, Torino, Verona, Bologna, Bari

## grammatica

### 1 Esprimi accordo e disaccordo.

1 Verso mezzanotte mi viene sempre fame.         ........Anche a me.......      ..........A me no..........
2 Per me l'Italia è uno dei paesi più belli
  del mondo.                                      ..................................      ..................................
3 Non sopporto il calcio.                         ..................................      ..................................
4 Il cioccolato mi piace da impazzire.            ..................................      ..................................
5 Secondo me Fellini è stato il più
  grande regista italiano.                        ..................................      ..................................
6 Lavoro almeno 12 ore al giorno.                 ..................................      ..................................
7 Non mangio mai cibi fritti.                     ..................................      ..................................
8 Passare la giornata senza fare niente
  non mi sembra intelligente.                     ..................................      ..................................

### 2 Completa con il pronome.

1 Ora mi ricordo di ......... . Sei il figlio di Gabriele.
2 I vicini non mi sono simpatici. Non ho voglia di cenare con ......... .
3 Mamma, il regalo è per ......... o per Giovanni?
4 Signora, tocca a ......... . Io sono arrivato dopo.
5 Silvia ama Paolo, ma lui non ama ......... .
6 Cara, senza di ......... non potrei vivere.
7 Vuoi che veniamo ad aiutarti? Sai che puoi contare su di ......... in ogni momento.
8 Ricordati di telefonarmi per metterci d'accordo. Voglio venire da ......... il più presto possibile.

### 3 Scegli il pronome.

1 Telefona a Sara per ricordar......... (lei, le, gli) che domani deve venire da ......... (ci, gli, noi) a cena.
2 Per favore se ......... (vi, voi, mi) faccio una domanda personale, ......... (gli, loro, mi) potete rispondere?
3 Con ......... (ti, ci, te) non si può mai parlare seriamente.
4 Cecilia, non toccare il cane, ......... (mi, te, ti) può mordere.
5 Sopra di ......... (ci, noi, mi) vive una coppia di studenti africani.
6 Fabrizia, ......... (ci, vi, noi) stai ascoltando? Stiamo parlando con ......... (gli, ti, te).
7 Vorrei passare più tempo con ......... (vi, si, voi), ma ......... (me, mi, ci) sveglio sempre tardi e ho un sacco
  di cose da studiare.
8 Domani ......... (ti, loro, si) laureano i tuoi amici. Hai pensato a un regalino per ......... (gli, voi, loro)?

### 4 Completa la tabella.

| Pronomi soggetto | Pronomi atoni diretti | Pronomi atoni indiretti | Pronomi tonici |
|---|---|---|---|
| ...........io........... | ...........mi........... | ...........mi........... | ...........me........... |
| .......................... | .......................... | .......................... | .......................... |
| .......................... | .......................... | .......................... | .......................... |
| .......................... | .......................... | .......................... | .......................... |
| .......................... | .......................... | .......................... | .......................... |
| .......................... | .......................... | .......................... | .......................... |

**5 Abbina le frasi delle due colonne e inserisci i pronomi.**

| | |
|---|---|
| **1)** ......... piace molto la birra. | **a)** perché è un anno che non ......... scrivi. |
| **2)** Simone, sono molto arrabbiato con ...... | **b)** fra mezz'ora? Se ......... cercano, di......... di chiamare più tardi. |
| **3)** Sai che sotto di ......... ci sono gli uffici | **c)** che senza di ......... non posso più vivere. |
| **4)** Vado a riposare. ......... chiami | **d)** Anche a ........., ma preferisco il vino. |
| **5)** Cecilia, con ......... a casa da scuola | **e)** della ditta che ......... ha offerto lavoro? |
| **6)** Quando vedo Beatrice, ......... voglio dire | **f)** non riesco più a leggere un libro. |

## lessico

**1 Per ogni parola scrivi tre termini che riguardano il tempo a cui le associ nella tua mente.**

**1** Roma     ....................... ....................... .......................

**2** Natale     ....................... ....................... .......................

**3** Mare     ....................... ....................... .......................

**4** Isola tropicale     ....................... ....................... .......................

**5** Notte     ....................... ....................... .......................

**6** Sciare     ....................... ....................... .......................

**7** Ciclone     ....................... ....................... .......................

**2 Trova le parole che riguardano il tempo. Ce ne sono 10.**

```
S  T  E  N  D  A  A  W  A  F  C  A  M  P  E  G  P  R  E  V  E  D  E  R  E  B  A
E  M  B  V  E  N  T  O  O  N  E  B  B  I  A  A  B  S  S  D  F  N  B  D  R  R  B
R  P  A  W  S  A  B  B  I  E  A  D  A  X  S  P  I  A  G  G  I  A  A  A  U  U  A
E  A  R  P  R  E  V  E  D  V  A  R  I  A  B  I  L  E  E  A  L  B  E  R  T  T  I
N  N  E  V  E  S  S  M  O  B  U  M  E  N  T  O  S  N  U  V  O  L  O  S  O  T  S
O  C  M  A  R  E  C  C  F  I  X  C  C  L  A  G  O  C  E  D  X  C  Z  A  O  O  C
G  X  O  T  E  M  P  E  R  A  T  U  R  A  F  E  T  A  N  F  P  I  O  V  E  R  E
```

**3 Cruciverba**

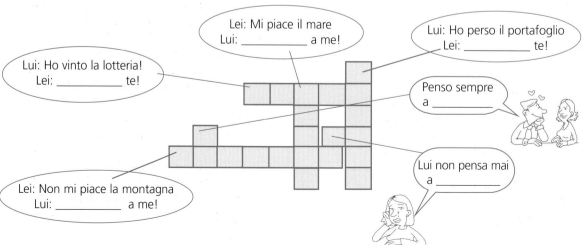

Lei: Mi piace il mare
Lui: _____ a me!

Lui: Ho perso il portafoglio
Lei: _____ te!

Lui: Ho vinto la lotteria!
Lei: _____ te!

Penso sempre a _____

Lui non pensa mai a _____

Lei: Non mi piace la montagna
Lui: _____ a me!

## grammatica

 **1 Trasforma le frasi usando il *si* impersonale.**

**1** I giovani non hanno paura della vecchiaia.

Quando si è giovani, ...........................................................................

**2** I giovani hanno molta energia.

Quando si è giovani, ...........................................................................

**3** I giovani amano divertirsi.

Quando si è giovani, ...........................................................................

**4** I giovani imparano facilmente una lingua straniera.

Quando si è giovani, ...........................................................................

**5** I giovani fanno spesso sport.

Quando si è giovani, ...........................................................................

**6** I giovani sono spesso allegri.

Quando si è giovani, ...........................................................................

**7** I giovani escono spesso di sera.

Quando si è giovani, ...........................................................................

**8** I giovani vanno in vacanza con gli amici.

Quando si è giovani, ...........................................................................

**2 Cosa si fa in questi posti? Fa' delle frasi.**

**1** Hotel: ...........................................................................

**2** Biblioteca: ...........................................................................

**3** Ristorante: ...........................................................................

**4** Stazione: ...........................................................................

**5** Piscina: ...........................................................................

**6** Fermata dell'autobus: ...........................................................................

**7** Cinema: ...........................................................................

**8** Supermercato: ...........................................................................

**3 Metti in ordine il dialogo.**

| Sandro | Passante 1 | Passante 2 |
|---|---|---|
| **1)** Quanti chilometri ci sono da qui? | **a)** Mi dispiace, non lo so. | **b)** Subito dopo c'è un ponte. Deve passare il ponte, andare a destra alla prima laterale e poi dritto per circa... 300 metri fino al semaforo. Quando arriva al semaforo, deve girare a sinistra e lì vedrà l'entrata del parcheggio proprio di fronte a un supermercato. |
| **2)** Mi scusi, c'è un parcheggio qui vicino? | | **c)** Arrivederci |
| **3)** Sì, la vedo. | | **d)** Allora, mi lasci pensare... Sì, ce n'è uno. |
| **4)** Ci si arriva in macchina? | | **e)** Ci vogliono meno di 5 minuti. Dunque, vede quella curva, là in fondo? |
| **5)** Senta, scusi, mi sa dire dov'è un parcheggio? | | **f)** Sì, ci può andare in macchina senza problemi... non ci sono isole pedonali... |
| **6)** Quanto tempo ci vuole per arrivarci? | | **g)** No, non si preoccupi, non è lontano da qui... |
| **7)** Ah, grazie mille. Spero di trovarlo. Arrivederci. | | |

### 4 Completa le frasi con *ci*, nella posizione corretta.

**1** In agosto facciamo un viaggio in Olanda. Vieni anche tu?
**2** Sono nato a Bolzano e vivo ancora oggi.
**3** Ecco la mia vecchia scuola. Ho studiato per cinque anni.
**4** Quella è la casa di mia nonna. Abita dal 1950.
**5** - Sei mai stato negli Stati Uniti?
   - Sì, sono stato varie volte.
**6** In che via è la pizzeria "Da Salvo"? Vado spesso, ma non lo ricordo mai.

### 5 Completa le domande o le risposte con il verbo *dispiacersi* o *volerci*.

**1** Che distanza c'è tra Bologna e Milano?
   Esattamente non lo so. In autostrada ............................... circa due ore.
**2** Sai che ieri è morta la zia di Marta?
   Come ............................... . Quando la vedi dalle un abbraccio da parte mia.
**3** Mi scusi sa dirmi dov'è il Teatro Regio?
   ............................... non lo so.
**4** ............................... se mi siedo qui?
   Si figuri, prego, si accomodi, Signora.
**5** Quanto tempo ............................... per arrivare a New York da Roma?
   Sai che non lo so, ma saranno circa otto ore di volo.
**6** Quanto ............................... per fare una crociera nei Caraibi?
   Vi trattate bene quest'anno! Secondo me non............................... meno di € 3000.
**7** Cristian, Filippo ha detto che ............................... ma non può venire da te stasera. Dice che
   ............................... ancora due giorni per poter consegnare il lavoro.
**8** Ragazzi, ............................... fare un po' di silenzio? Siamo in una biblioteca.

## lessico

### 1 Scegli la parola giusta.

.................  .................  .................  .................  .................  .................  .................  .................

**1** a) semaforo, b) ponte, c) incrocio

**2** a) rotonda, b) curva, c) ponte

**3** a) piazza, b) incrocio, c) via

**4** a) laterale, b) rotonda, c) semaforo

**5** a) semaforo, b) ponte, c) curva

**6** a) piazza, b) incrocio, c) via

**7** a) via/strada, b) curva, c) ponte

**8** a) rotonda, b) laterale, c) piazza.

### 2 Guarda la figura e scrivi le indicazioni di luogo.

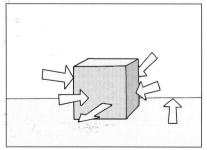

**3 Cruciverba fonologico. In questo schema compaiono coppie minime, cioè parole che si differenziano per la presenza di una consonante singola o doppia. Individua le parole e poi inseriscile nello schema guidandoti con le lettere che compaiono:**

**1** a. un rumore ripetuto da una valle: ...........................
   b. avverbio che mostra qualcosa: ...........................

**2** a. strumento che serve per scrivere: ...........................
   b. dolore, tristezza: ...........................

**3** a. abito per sportivi o operai: ...........................
   b. completa, senza che manchi qualcosa: ...........................

**4** a. presente verbo "essere" : ...........................
   b. quando lo si ha si va a letto: ...........................

**5** a. luogo in cui si vive: ...........................
   b. contenitore per frutta o verdura: ...........................

**6** a. serve per scavare, per spostare sabbia: ...........................
   b. serve per giocare a calcio: ...........................

**7** a. il migliore amico dell'uomo: ...........................
   b. vegetali che crescono nelle paludi e si alzano anche per metri: ...........................

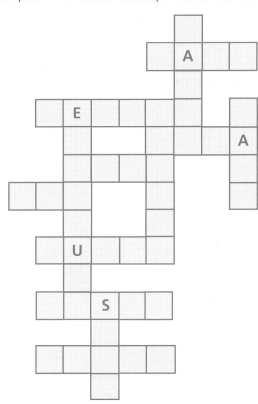

## grammatica

**1 Completa la tabella con i verbi regolari al futuro.**

| ascoltare | io .................................................................................. |
| | tu ................................................................................. |
| | lui/lei .......................................................................... |
| | noi ................................................................................ |
| | voi ................................................................................ |
| | loro .............................................................................. |
| leggere | io .................................................................................. |
| | tu ................................................................................. |
| | lui/lei .......................................................................... |
| | noi ................................................................................ |
| | voi ................................................................................ |
| | loro .............................................................................. |
| finire | io .................................................................................. |
| | tu ................................................................................. |
| | lui/lei .......................................................................... |
| | noi ................................................................................ |
| | voi ................................................................................ |
| | loro .............................................................................. |

**2 Completa la tabella con i verbi irregolari al futuro per le persone indicate.**

| essere | io ................................................................................ |
| | loro .............................................................................. |
| avere | io................................................................................. |
| | lui/lei........................................................................... |
| bere | tu.................................................................................. |
| | loro............................................................................... |
| dovere | tu.................................................................................. |
| | noi................................................................................ |
| potere | voi................................................................................. |
| | lui/lei........................................................................... |
| volere | voi................................................................................. |
| | lui/lei........................................................................... |
| vedere | io................................................................................. |
| | voi................................................................................. |
| tenere | noi................................................................................ |
| | lui/lei........................................................................... |
| stare | voi................................................................................. |
| | lui/lei........................................................................... |
| sapere | noi................................................................................ |
| | loro............................................................................... |
| fare | io................................................................................. |
| | loro............................................................................... |
| rimanere | io................................................................................. |
| | voi................................................................................. |
| venire | tu.................................................................................. |
| | loro............................................................................... |
| dare | noi................................................................................ |
| | loro............................................................................... |

### 3 Forma delle frasi.

**1** Domani/ bel tempo. In montagna.

.........................................................................................................

**2** Anno prossimo/abbastanza soldi. Macchina nuova.

.........................................................................................................

**3** Domenica/abbastanza neve. Sciare/a Cortina d'Ampezzo.

.........................................................................................................

**4** Paolo e Francesca/a trovarci. Invitare/a cena.

.........................................................................................................

**5** Prendere/buon voto. Offrire/da bere.

.........................................................................................................

**6** Stasera/nebbia. Non/uscire/bicicletta.

.........................................................................................................

### 4 Metti le frasi al futuro.

**1** Oggi resto a casa a riposarmi.

Domani..................................................................................................

**2** Un mese fa Cecilia ha cominciato a camminare.

Fra qualche settimana...........................................................................

**3** Ieri ho finito di leggere *Paesi tuoi*.

Domani .................................................................................................

**4** L'anno scorso l'inflazione è stata più bassa di quest'anno.

L'anno prossimo ....................................................................................

**5** Ieri ha fatto bel tempo.

Domani ..................................................................................................

**6** La settimana scorsa Virginia ha fatto un esame di linguistica.

La settimana prossima ...........................................................................

**7** Ieri sera sono andato a nuotare.

Questa sera ............................................................................................

**8** Sabato scorso siamo usciti con Gabriella e Luciano.

Sabato prossimo ....................................................................................

### 5 Completa il dialogo con i verbi del riquadro. Usa il futuro dove possibile.

Sandro: Pronto?

Maria: Pronto, ...........1.............. parlare con Sandro per favore.

Sandro: Sono io; ciao Maria.

Maria: Ciao, come va?

Sandro: Bene e tu?

Maria: Sto bene, grazie. Sandro, ti ...........2.............. di uscire una di queste sere?

Sandro: Volentieri. Dove ...........3.............. andare?

Maria: ...........4.............. voglia di andare a mangiare una pizza?

Sandro: Per me va bene. Però perché non ...........5.............. a Spoleto?

Maria: Cosa c'è a Spoleto?

Sandro: In questo periodo c'è il Festival dei Due Mondi. ...........6.............. mangiare lì e magari ci

...........7.............. qualcosa d'interessante.

Maria: Ok, quando ci vediamo? Domani sera?

Sandro: Domani sera?... Mi dispiace, ma non posso. ...........8.............. impegnato fino a tardi con il lavoro.

Maria: Allora perché non ...........9.............. dopodomani?

Sandro: Dopodomani… Non so…

Maria: Dai Sandro, non fare il difficile!

Sandro: D'accordo. Ti prometto che .............10.............. a prenderti verso le 7.
Maria: Benissimo. Ti aspetto. Ciao.
Sandro: Ciao Maria e grazie dell'invito.

> potere, essere (x2), passare, volere (x2), andare (x2), avere, uscire

**6 Cruciverba futuro.**
In questo schema vanno inseriti i futuri (alla prima persona singolare) dei verbi indicati.
Attenzione alle particolarità ortografiche di alcuni verbi in *–care, -gare, -ciare* e *–giare*!

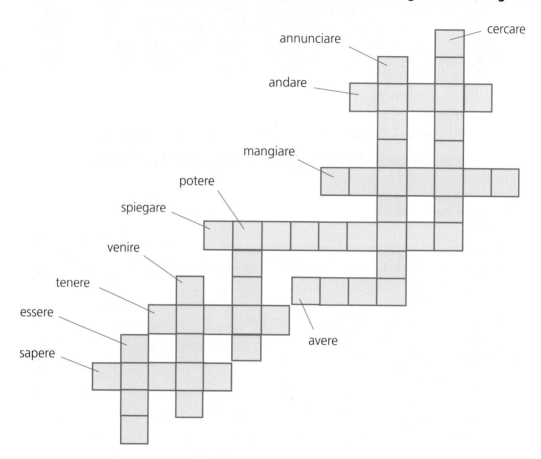

Marco Mezzadri          Paolo E. Balboni

Corso multimediale d'italiano per stranieri
[chiavi delle attività supplementari]

**Guerra** Edizioni

# Chiavi del Libro degli esercizi - unità 1

> grammatica

**1 Completa le frasi con il soggetto.**

1 tu, 2 lei, 3 lui, io, 4 lei, 5 lui, 6 io.

**2 Completa le frasi con il verbo *essere*, *studiare* o *chiamarsi*.**

1 è, 2 è, 3 è, studia, 4 chiama, 5 è, 6 chiamo, 7 chiamo, sei, 8 sono, sei, 9 sono, studio, 10 studio

**3 Completa il dialogo con le parole del riquadro.**

1 chiami, 2 chiamo, 3 scusa, 4 chiamo, 5 sei, 6 sono, 7 sei, 8 sono.

**4 Metti in ordine il dialogo.**

| | |
|---|---|
| Carabiniere: | Buongiorno; passaporto, per favore. Lei è italiana? |
| Maria: | No, non sono italiana. |
| Carabiniere: | Di dov'è? |
| Maria: | Sono argentina. |
| Carabiniere: | Come si chiama? |
| Maria: | Maria Caballero. |
| Carabiniere: | Scusi, come si scrive il cognome, per favore? |
| Maria: | C.a.b.a.l.l.e.r.o. |
| Carabiniere: | Perfetto. Va in Italia per turismo? |
| Maria: | No, studio italiano all'Università. |
| Carabiniere: | Bene. Grazie e arrivederci. |
| Maria: | Prego. Buongiorno. |

**5 Riordina le frasi.**

1 Mi chiamo John e sono irlandese. 2 Lei si chiama Alessandra e è di Napoli. 3 Mario è portoghese e studia italiano a Perugia. 4 Lei è brasiliana e io sono francese. 5 Lei si chiama Claudia, è spagnola e è di Madrid. 6 Tu ti chiami Andreas. Sei tedesco?

**6 Fa' le domande.**

Di dove sei?, 2 Come ti chiami?, 3 Sei italiano?, 4 Studi inglese?

**7 Trasforma le domande da informali a formali.**

1 Di dove è?, 2 Come si chiama?, 3 È italiano?, 4 Studia inglese?

> lessico

**1 Completa le parole.**

2 tedesco, 3 inglese, 4 francese, 5 marocchino, 6 argentino, 7 brasiliano, 8 portoghese.

**2 Cruciverba al femminile. Usa gli aggettivi dell'esercizio 10.**

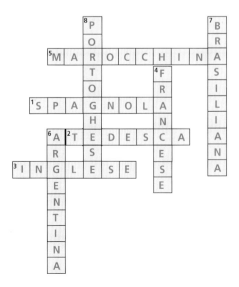

> grammatica

**1 Completa le frasi con il verbo *essere*.**

1 è, 2 sei, 3 sono, 4 sei, 5 sono, 6 è.

**2 Metti le frasi dell'esercizio 1 alla forma negativa.**

1 non è, 2 non sei, 3 non sono, 4 non sei, 5 non sono, 6 non è.

**3 Metti le frasi delle esercizio 1 al plurale.**

1 sono, 2 siete, 3 siamo, 4 siete, 5 siamo, 6 sono.

**4 Metti le frasi dell'esercizio 3 alla forma negativa.**

1 non sono, 2 non siete, 3 non siamo, 4 non siete, 5 non siamo, 6 non sono.

**5 Rispondi alle domande.**

2 no, non ce l'ho, 3 sì, ce l'ho, 4 sì, ce l'ha, 5 no, non ce l'ho, 6 sì, ce l'ha.

**6 Abbina le due parti delle frasi.**

1 con c, 2 con a, 3 con f, 4 con b, 5 con e, 6 con d.

**7 Metti le frasi dell'esercizio 6 alla forma negativa.**

1 Simona e Roberto non abitano in Via Roma 6 a Napoli.
2 A Milano non ho una casa grande.
3 Sergio non ha un numero di telefono in Italia.
4 Penny non studia italiano all'università di Genova.
5 Hassan non lavora a Bologna.
6 Juan non scrive una lettera a Pedro ogni settimana.

**8 Forma le frasi.**

1 A Roma c'è un aeroporto.
2 A casa mia c'è un bagno.
3 Nel ristorante c'è un tavolo.
4 A scuola c'è un telefono.
5 All'aeroporto c'è una banca.
6 A Venezia c'è un ristorante cinese.

**9 Metti al plurale le frasi dell'esercizio 8.**

1 A Roma ci sono due aeroporti.
2 A casa mia ci sono tre bagni.
3 Nel ristorante ci sono venti tavoli.
4 A scuola ci sono quattro telefoni.
5 All'aeroporto ci sono due banche.
6 A Venezia ci sono molti ristoranti cinesi.

**10 Scrivi in lettere i numeri.**

1 dodici, 2 sette, 3 nove, 4 due, 5 quindici, 6 diciannove, 7 venti, 8 undici.

**11 Metti l'articolo indeterminativo.**

| | | | |
|---|---|---|---|
| una | scuola | un | ristorante |
| un' | agenzia | un | ufficio |
| una | stazione ferroviaria | un | bagno |
| uno | studente | un | passaporto |
| un | telefono | un | corso |

## 12 Metti al plurale le parole dell'esercizio 11.

| | | | | |
|---|---|---|---|---|
| tre | scuole | | nove | ristoranti |
| sei | agenzie | | undici | uffici |
| otto | stazioni ferroviarie | | venti | bagni |
| due | studenti | | dieci | passaporti |
| cinque | telefoni | | sette | corsi |

## 13 Completa gli aggettivi.

| | |
|---|---|
| 1 una pizza italiana | 5 un ragazzo russo |
| 2 una carta di credito nuova | 6 una macchina tedesca |
| 3 una casa bella | 7 un ristorante vecchio |
| 4 un libro inglese | 8 un francobollo brutto |

## 14 Metti al plurale le parole dell'esercizio 13.

| | |
|---|---|
| 1 tre pizze italiane | 5 quattro ragazzi russi |
| 2 due carte di credito nuove | 6 nove macchine tedesche |
| 3 sei case belle | 7 dodici ristoranti vecchi |
| 4 dieci libri inglesi | 8 tredici francobolli brutti |

## 15 Fa' le domande.

1 Come si scrive il tuo cognome/Caballero? 2 Di dove siete? 3 Quanti anni hai/ha?
4 Dove vivi/vive? 5 Come si chiama? 6 Come si dice "macchina" in inglese?
7 Qual è il tuo/suo numero di telefono? 8 Perché sei/è in Italia?

## 16 Completa il dialogo con le parole del riquadro.

Sandro: Finalmente in Italia! Finalmente a Roma!
Maria: Come sono stanca!
Sandro: Anch'io: e ora c'è il controllo dei passaporti
Agente di polizia: Passaporto, per favore. Lei si chiama Maria Caballero.
Perché è in Italia?
Maria: Studio italiano a Siena.
Agente: Quando torna in Argentina?
Maria: Alla fine del corso.
Agente: Tutto bene. Un altro, per favore.

## 17 Metti in ordine il dialogo.

Maria: Ciao Sandro!
Sandro: Maria, non ho il tuo indirizzo…
Maria: Giusto! Ma io non ho ancora una casa.
Sandro: Senti Maria, io abito a Perugia, in Via Danti 8.
Maria: Davvero? Abiti a Perugia? Qual è il tuo numero di telefono?
Sandro: 0,7,5 - 5,2,2,6   3,0,5.
Maria:  0,7,5 - 5,2,2,6   3,0,5. Ti telefono, ciao!
Sandro: Maria?
Maria: Sì? Cosa?
Sandro: Quanti anni hai?
Maria: 20. Ciao c'è l'autobus.
Sandro: Ciao.

> lessico

1 Scrivi i nomi degli oggetti.

chiavi

> grammatica

**1 Scrivi le persone singolari dei verbi.**

| lavorare | io lavoro<br>tu lavori<br>lui/lei lavora | parla | io parlo<br>tu parli<br>lui/lei parla |
| --- | --- | --- | --- |
| vendere | io vendo<br>tu vendi<br>lui/lei vende | abitare | io abito<br>tu abiti<br>lui/lei abita |
| scrivere | io scrivo<br>tu scrivi<br>lui/lei scrive | vivere | io vivo<br>tu vivi<br>lui/lei vive |
| finire | io finisco<br>tu finisci<br>lui/lei finisce | sentire | io sento<br>tu senti<br>lui/lei sente |

**2 Scrivi le persone plurali dei verbi.**

| lavorare | noi lavoriamo<br>voi lavorate<br>loro lavorano | parla | noi parliamo<br>voi parlate<br>loro parlano |
| --- | --- | --- | --- |
| vendere | noi vendiamo<br>voi vendete<br>loro vendono | abitare | noi abitiamo<br>voi abitate<br>loro abitano |
| scrivere | noi scriviamo<br>voi scrivete<br>loro scrivono | vivere | noi viviamo<br>voi vivete<br>loro vivono |
| finire | noi finiamo<br>voi finite<br>loro finiscono | sentire | noi sentiamo<br>voi sentite<br>loro sentono |

**3 Coniuga il verbo.**

1 Sandro non sa l'italiano. 2 Jorge fa l'insegnante. 3 Cosa fate tu e Catia domani?
4 Che lavoro fanno Giovanni e Alice? 5 Mia moglie e io sappiamo molte lingue.

**4 Completa le frasi con un verbo del riquadro.**

1 ho, 2 lavora, 3 vive, 4 sa, 5 faccio, 6 ascolti, 7 ha, 8 risponde, 9 torna, 10 finisci

**5 Metti al plurale i verbi dell'esercizio 4.**

**6 Forma delle frasi.**

1 Qual è il tuo indirizzo? 2 La tua nuova casa è molto carina. 3 Il nuovo libro di
Baricco è interessante. 4 Camilla studia all'Università di Venezia. 5 Sam e Tom vivono
a Milano. 6 Ascoltate spesso musica italiana? 7 Quando Giovanna studia, ascolta la radio.
8 Andrea fa il medico, lavora in ospedale/Andrea lavora in ospedale, fa il medico.

**7 Metti l'articolo determinativo.**

2 l', 3 il, 4 l', 5 l', 6 lo, 7 il, 8 l', 9 la, 10 lo, 11 l', 12 l', 13 lo, 14 il, 15 il, 16 l', 17 la,
18 il, 19 la, 20 l'

**8 Correggi gli errori.**

2 va bene, 3 il, 4 il, 5 la, 6 la, 7 l', 8 va bene, 9 lo, 10 l'

**9 Completa le frasi con l'articolo determinativo.**

1 l', 2 la, 3 il, 4 lo, l', l', 5 la, 6 la, 7 la, l', 8 lo.

**10 Scegli la preposizione.**

1 a, in, 2 in, a, 3 in, 4 a, 5 a, 6 in, 7 a, 8 in, in, per.

## Chiavi del Libro degli esercizi - unità 4

> grammatica

**1 Scrivi i numeri in lettere.**

| 24 | ventiquattro | 32 | trentadue |
|----|--------------|----|-----------|
| 56 | cinquantasei | 48 | quarantotto |
| 77 | settantasette | 33 | trentatré |
| 81 | ottantuno | 21 | ventuno |
| 90 | novanta | 61 | sessantuno |

**2 Completa con l'articolo determinativo.**

| 1 L' | acqua | 11 la | libertà |
|------|-------|-------|---------|
| 2 l' | aeroporto | 12 la | lingua straniera |
| 3 l' | amica | 13 la | madre |
| 4 la | commessa | 14 il | meccanico |
| 5 l' | esperienza | 15 il | numero di telefono |
| 6 l' | età | 16 il | padre |
| 7 il | francobollo | 17 lo | psicologo |
| 8 l' | idraulico | 18 lo | studente |
| 9 l' | indirizzo | 19 la | via |
| 10 l' | insegnante | 20 lo | zio |

**3 Metti al plurale i nomi dell'esercizio 2 e aggiungi gli articoli.**

| 1 le | acque | 11 le | libertà |
|------|-------|-------|---------|
| 2 gli | aeroporti | 12 le | lingue straniere |
| 3 le | amiche | 13 le | madri |
| 4 le | commesse | 14 i | meccanici |
| 5 le | esperienze | 15 i | numeri di telefono |
| 6 le | età | 16 i | padri |
| 7 i | francobolli | 17 gli | psicologi |
| 8 gli | idraulici | 18 gli | studenti |
| 9 gli | indirizzi | 19 le | vie |
| 10 gli | insegnanti | 20 gli | zii |

**4 Completa le frasi.**

1 mia, 2 suo, 3 mia, 4 sua, 5 suo, 6 tua, 7 mio, 8 tuo. A volte sono possibili più soluzioni con i possessivi.

**5 Metti le frasi al plurale. Trasforma le parole in corsivo.**

2 Alida è bassa e grassa. I suoi figli sono alti e magri.
3 Domani vado all'aeroporto a prendere le mie cugine che vivono a Chicago.
4 Carlo è molto simpatico e le sue amiche sono molto carine.
5 Abel è contento perché sono pronti i suoi nuovi quadri.
6 Scusa Antonio, dove sono le tue sorelle?
7 Sono contento dei miei nuovi libri.
8 Tu sei una madre meravigliosa e i tuoi figli sono bambini molto intelligenti.

**6 Fa' delle domande come nell'esempio.**

2 Di chi è questa riga?, 3 Di chi è questa matita?, 4 Di chi sono questi libri?,
5 Di chi sono questi quaderni?, 6 Di chi sono questi uffici?

**7 Trasforma le frasi alla forma di cortesia.**

2 Sa dirmi dov'è la stazione, per favore? Sapete dirmi dov'è la stazione, per favore? 3 Insegna nella scuola di lingue di Matteo? Insegnate nella scuola di lingue di Matteo? 4 Scusi, ha una sigaretta? Scusate, avete una sigaretta? 5 Scusi, sa dirmi che ore sono? Scusate, sapete dirmi che ore sono?
6 Può ripetere, per favore? Potete ripetere, per favore?

**8 Completa le frasi con il verbo tra parentesi.**

> 1 sa, 2 puoi, 3 vai, 4 sa, 5 so, 6 posso.

**9 Metti le frasi dell'esercizio 8 al plurale.**

> 1 sanno, 2 potete, 3 andate, 4 sapete, 5 sappiamo, 6 possiamo.

**10 Completa il cruciverba con i verbi del riquadro. Attenzione! Devi coniugarli.**

**11 Metti in ordine il dialogo.**

> Maria: Posso entrare?
> Sandro: Prego! Entra!.... Maria ti presento i miei genitori.
> Mia madre, Giuseppina e questo è mio padre, Carlo.
> Maria: Piacere. Come siete giovani!
> Carlo: Grazie, ma non è vero. Io ho 53 anni e mia moglie 49.
> Sandro: E quella è mia sorella, Simona.
> Maria: Ciao Simona, piacere!....Scusate, vorrei lavarmi le mani. Dov'è il bagno?
> Carlo: È la prima porta a sinistra.

**> lessico**

**1 Sammy ha qualche problema con la famiglia! Correggi le sue frasi.**

> varie risposte possibili. 1 mio padre, 2 mia sorella, cugina, figlia,
> 3 sorella, moglie, cugina, 4 mio nonno, zio, 5 moglie, 6 fratello, cugino, figlio.

**2 La staffetta. Ogni parola "rincorre" le altre secondo questo testo:**

> ragazza, marito, moglie, figlia, nipoti, nonni.

## Chiavi del Libro degli esercizi - unità 5

**> grammatica**

**1 Scrivi le forme singolari dei verbi.**

| | | | | |
|---|---|---|---|---|
| dire | io dico | | potere | io posso |
| | tu dici | | | tu puoi |
| | lui/lei dice | | | lui/lei può |
| sapere | io so | | fare | Io faccio |
| | tu sai | | | tu fai |
| | lui/lei sa | | | lui/lei fa |
| venire | io vengo | | vincere | io vinco |
| | tu vieni | | | tu vinci |
| | lui/lei viene | | | lui/lei vince |
| andare | io vado | | leggere | io leggo |
| | tu vai | | | tu leggi |
| | lui/lei va | | | lui/lei legge |

**2 Ora scrivi le forme plurali dei verbi.**

| | | | | |
|---|---|---|---|---|
| dire | noi diciamo | | potere | noi possiamo |
| | Voi dite | | | voi potete |
| | loro dicono | | | loro possono |
| sapere | noi sappiamo | | fare | noi facciamo |
| | voi sapete | | | voi fate |
| | loro sanno | | | loro fanno |
| venire | noi veniamo | | vincere | noi vinciamo |
| | voi venite | | | voi vincete |
| | loro vengono | | | loro vincono |
| andare | noi andiamo | | leggere | noi leggiamo |
| | voi andate | | | voi leggete |
| | loro vanno | | | loro leggono |

## 4 Scegli l'indicazione di luogo corretta.

1 vicino, 2 di fianco, 3 davanti, 4 di fronte, 5 dietro, 6 su, 7 sotto, 8 tra.

## 5 Metti le preposizioni articolate e poi forma il plurale.

| | |
|---|---|
| 1 sull'albero | 1 sugli alberi |
| 2 dall'amico di Franco | 2 dagli amici di Franco |
| 3 sulla sedia | 3 sulle sedie |
| 4 dell'insegnante | 4 degli insegnanti |
| 5 sulla parete | 5 sulle pareti |
| 6 nell'armadio | 6 negli armadi |
| 7 sul giornale | 7 sui giornali |
| 8 nell'appartamento | 8 negli appartamenti |

## 6 Completa le frasi con un verbo e una preposizione dai riquadri.

1 Franco e Luisa hanno un nuovo lavoro dal primo di giugno dell'anno.
2 I miei cugini vengono spesso da noi a cena.
3 Luca, puoi passarmi la bottiglia d'acqua che è sul tavolo, per favore?
4 L'Italia non vince il mondiale di calcio dal 1982.
5 Ruba, da dove vieni? Dalla Siria?
6 Quando non sono in Italia leggo spesso gli articoli dei giornali italiani su Internet.
7 Domani Carlo va in Inghilterra per tre mesi a fare un corso d'inglese.
8 Silvia, mi fai un favore? Vai dal farmacista a comprare le aspirine?
9 - Di chi è questo libro? - È del ragazzo di Ilaria.
10 Gli italiani vanno sempre in vacanza in agosto.

> lessico

## 1 Scrivi le date.

1 primo giugno duemiladue, 2 otto ottobre millenovecentottantasette,
3 dodici ottobre millequattrocentonovantadue, 4 diciassette aprile duemilauno,
5 primo gennaio millenovecentosessantatre, 6 nove luglio
millesettecentottantanove, 7 diciannove novembre millenovecentotrentasette,
8 ventotto dicembre millenovecentodiciassette.

## 2 Trova il colore.

1 verde, 2 rosso, 3 azzurro, 4 marrone,
5 nero, 6 giallo.

## 3 Crucimese

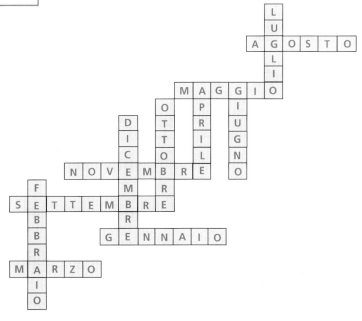

> grammatica

**1 Scrivi le forme singolari dei verbi riflessivi.**

| chiamarsi | io mi chiamo | |
|---|---|---|
| | tu ti chiami | Camillo. |
| | lui si chiama | |
| svegliarsi | io mi sveglio | |
| | tu ti svegli | sempre alle 7. |
| | lui si sveglia | |
| lavarsi | io mi lavo | |
| | tu ti lavi | spesso con acqua fredda. |
| | lui si lava | |
| alzarsi | io mi alzo | |
| | tu ti alzi | raramente dopo le 7.30. |
| | lui si alza | |

**2 Scrivi le forme plurali dei verbi riflessivi.**

| chiamarsi | noi ci chiamiamo | |
|---|---|---|
| | voi vi chiamate | Camillo e Sandra. |
| | loro si chiamano | |
| svegliarsi | noi ci svegliamo | |
| | voi vi svegliate | sempre alle 7. |
| | loro si svegliano | |
| lavarsi | noi ci laviamo | |
| | voi vi lavate | spesso con acqua fredda. |
| | loro si lavano | |
| alzarsi | noi ci alziamo | |
| | voi vi alzate | raramente dopo le 7.30. |
| | loro si alzano | |

**3 Metti gli articoli, gli aggettivi e i pronomi dimostrativi.**

| | | | | | | | | | |
|---|---|---|---|---|---|---|---|---|---|
| 2 l' | quest' | quell' | ufficio | | 7 l' | quest' | quell' | università |
| 3 lo | questo | quello | studente | | 8 il | questo | quel | letto |
| 4 la | questa | quella | città | | 9 l' | quest' | quell' | anno |
| 5 la | questa | quella | scuola | | 10 l' | quest' | quell' | animale |
| 6 l' | quest' | quell' | amica | | | | | |

**4 Metti al plurale le parole dell'esercizio 3.**

| | | | | | | | | | |
|---|---|---|---|---|---|---|---|---|---|
| 2 gli | questi | quegli | uffici | | 7 le | queste | quelle | università |
| 3 gli | questi | quegli | studenti | | 8 i | questi | quei | letti |
| 4 le | queste | quelle | città | | 9 gli | questi | quegli | anni |
| 5 le | queste | quelle | scuole | | 10 gli | questi | quegli | animali |
| 6 le | queste | quelle | amiche | | | | | |

**5 Rispondi alle domande come nell'esempio.**

2 Ecco i loro regali. 3 Ecco la loro casa. 4 Ecco la mia bicicletta. 5 Ecco i nostri figli. 6 Ecco i suoi amici.

**6 Verbi irregolari al presente**

# 7 Cruciverba sui giorni della settimana

```
                              G
                      M       I
        M   S A B A T O
        E         R   V
        R         T   E
        C     V E N E R D Ì
        O         D   Ì
        L U N E D Ì
        E
        D O M E N I C A
        Ì
```

## > lessico

### 1 Metti in ordine da sempre a mai gli avverbi di frequenza.

sempre, quasi sempre, di solito, spesso, a volte, raramente, mai.

### 2 Scegli il verbo.

1 svegliarsi, 2 alzarsi, 3 lavarsi, 4 fare colazione, 5 lavorare (in una libreria), 6 pranzare, 7 fare la doccia, 8 cenare.

### 3 Abbina gli orari scritti in cifre alla trascrizione in lettere.

le dodici/12,00 - le tre e mezza/3,30 - le sei meno un quarto/5,45 - l'una e mezza/1,30 - le undici e cinque/11,05 - le nove e un quarto/9,15 - le undici e cinque/11,05

> grammatica

**1 Metti gli articoli e forma il plurale dei nomi.**

| | | | | | | | | |
|---|---|---|---|---|---|---|---|---|
| 2 l' | autobus | gli | autobus | | 9 la | crisi | le | crisi |
| 3 il | macellaio | i | macellai | | 10 la | virtù | le | virtù |
| 4 lo | zio | gli | zii | | 11 l' | amico | gli | amici |
| 5 la | foto | le | foto | | 12 la | città | le | città |
| 6 lo | psicologo | gli | psicologi | | 13 il | film | i | film |
| 7 la | moto | le | moto | | 14 il | caffè | i | caffè |
| 8 l' | uomo | gli | uomini | | | | | |

**2 Completa le frasi e il cruciverba con le parole del riquadro.**

1 possiamo, 2 volete, 3 potete, 4 vorrei, 5 vuoi, 6 vorrei, 7 volete, 8 vorrei, 9 vorrebbe

**3 Rispondi alle domande.**

2 No, non è il loro. Il loro è vicino alla banca. 3 No, non è la mia. È la ragazza di Giuseppe.
La mia ha i capelli biondi. 4 No, non sono i nostri. Sono i figli dei nostri vicini. 5 È la nostra.
6 No, non sono le loro. Le loro sono alle verdure.

**4 Trova i numeri ordinali all'interno dello schema.**

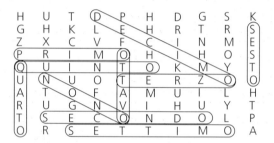

**5 Correggi gli errori, se necessario.**

2 una, 3 del, 4 va bene, 5 dello, della, 6 va bene.

**6 Metti in ordine il dialogo.**

Pietro: Oggi devo andare io a fare la spesa, vero?
Chiara: Sì, tocca a te.
Pietro: Di cosa abbiamo bisogno?
Chiara: Non lo so, guarda cosa c'è nel frigo.
Pietro: Non c'è quasi niente. Allora: latte, uova, yogurt, burro...no, il burro c'è. Birra, almeno 15 bottiglie di birra.
Compra anche mezzo chilo di carne di manzo per fare delle fettine....E un pollo.
Ah, io vorrei anche uno o due etti di prosciutto e un melone.
Pietro: Nient'altro? Vino, whisky?
Chiara: Possibile che pensi solo a bere? Se hai sete, compra un pacchetto di tè.
Ah e due scatole di tonno e tre di fagioli.
Pietro: Posso andare adesso?
Chiara: Sì, ma non dimenticare le sigarette!
Pietro: Ciao. Ah, e i soldi?
Chiara: Tieni. Di quanti soldi hai bisogno?
Pietro: Di 50 euro.

> lessico

**2 Cruciverba sui piatti**

# Chiavi del Libro degli esercizi - unità 8

> grammatica

**1 Scrivi le forme singolari dei verbi *dovere*, *sapere*, *volere*, *potere*.**

| dovere | io devo | volere | io voglio |
|---|---|---|---|
| | tu devi | | tu vuoi |
| | lui/lei deve | | lui/lei vuole |
| sapere | io so | potere | io posso |
| | tu sai | | tu puoi |
| | lui/lei sa | | lui/lei può |

**2 Ora scrivi le forme plurali dei verbi *dovere*, *sapere*, *volere*, *potere*.**

| dovere | noi dobbiamo | volere | noi vogliamo |
|---|---|---|---|
| | voi dovete | | voi volete |
| | loro devono | | loro vogliono |
| sapere | noi sappiamo | potere | noi possiamo |
| | voi sapete | | voi potete |
| | loro sanno | | loro possono |

**3 Trasforma i verbi alla forma *stare* + gerundio.**

1 sto andando, 2 stiamo mangiando, 3 state ascoltando, 4 stai leggendo, 5 stanno facendo, 6 sta dicendo, 7 sto finendo, 8 stai dormendo.

**4 Rispondi alle domande.**

1 stanno giocando a carte, 2 sta guardando la televisione, 3 sta scrivendo un messaggio e-mail, 4 sta preparando la cena, 5 stanno navigando in Internet, 6 sto dormendo.

**5 Metti le frasi alla forma *stare* + gerundio, quando è possibile.**

1 Che cosa stai dicendo? Tu non sai niente dei miei problemi.
2 - Cosa stai facendo? - Sto guardando una partita del mondiale di calcio.
3 Sono in Italia da tre anni.
4 Ho una piccola casa al mare dove vado spesso in estate.
5 Marco, se esci mi compri due etti di prosciutto di Parma?
6 In questo periodo sto mangiando troppo.
7 - Dov'è Cecilia? - È in camera sua. Sta dormendo.
8 Sai quanti anni ha mia nonna? 85, non sembra, vero?

**6 Crucinumeri**

**7 Metti in ordine il dialogo.**

Salumiere: Buongiorno, Signora Sanna.
Cliente: Buongiorno.
Salumiere: La stanno servendo?
Cliente: No. Vorrei un po' di prosciutto crudo.
Salumiere: Quanto prosciutto desidera?
Cliente: Un po'.... non so... un etto e mezzo circa.
Salumiere: Sono quasi due etti. E' troppo?
Cliente: No, va bene.
Salumiere: Ecco il prosciutto. Poi?
Cliente: Un pezzo di formaggio parmigiano.
Salumiere: Questo va bene?
Cliente: Quanto costa?
Salumiere: 15 euro al chilo.
Cliente: Allora, un chilo di parmigiano.
Salumiere: E poi?
Cliente: Il latte. E anche un chilo di pane.
Salumiere: Nient'altro?
Cliente: È tutto grazie. Quant'è?
Salumiere: Allora... sono 16 euro e 25 centesimi.
Cliente: Ecco a Lei 20 euro.
Salumiere: Ecco il resto. Arrivederci e grazie.
Cliente: Arrivederci.

> grammatica

**1 Rispondi alle domande.**

2 Questa è la loro e quella è la mia. 3 Questa è la loro e quella è la nostra.
4 Questa è la nostra e quella è la vostra. 5 Questa è la mia e quelle sono le loro.
6 Questo è il nostro e quello è il suo.

**2 Completa la tabella con i pronomi personali atoni diretti.**

|  |  | singolare | plurale |
|---|---|---|---|
| prima persona |  | mi | ci |
| seconda persona |  | ti | vi |
| terza persona | maschile | lo | li |
|  | femminile | la | le |
|  | riflessiva | si | si |

**3 Rispondi alle domande.**

1 No, non li vedo mai. 2 Sì, lo parlo molto bene. 3 Sì, la mangio ogni giorno. 4 Ci vediamo alle dieci. 5 No, non lo so. 6 Ti chiamo stasera. 7 No, non la capisco per niente. 8 Vi invitiamo sempre per Natale.

**4 Completa il dialogo con i pronomi come nell'esempio.**

Ragazzo: Accidenti! Io la Schiavi, non... la... capisco!
Ragazza: Neanch'io! E soprattutto non la sopporto. Ha la capacità di farmi odiare la storia.
Ragazzo: Tra due ore abbiamo inglese. Ci sono un sacco di compiti. Li facciamo adesso?
Hai il quaderno?
Ragazza: No, non ce l'ho; ce l'ha Piero.
Ragazzo: Prendi un foglio del mio.
Ragazza: Dove sono i miei occhiali?
Ragazzo: E quelli cosa sono? Li hai in testa.
Insegnante: Ehi, voi due! Cosa state facendo? Vi vedo e vi sento, cosa credete?
Smettete di chiacchierare!
Ragazzo: Hai ragione. È insopportabile!

**5 Rispondi alle domande come nell'esempio.**

2 no, non ce l'abbiamo, 3 sì, ce l'ha, 4 no, non ce l'ho, 5 no, non ce li ho, 6 sì, ce le ho.

**6 Completa le frasi con i pronomi atoni diretti.**

1 li, 2 le, 3 la, 4 la, 5 ti, 6 ci, 7 li, 8 le.

**7 Metti la preposizione di tempo.**

1 dalle, alle, 2 in, 3 in, 4 dal, al, 5 nessuna preposizione , 6 per, dal, al, 7 nel, 8 da, a.

> lessico

**2 Ci sono tre oggetti che ti presentiamo nel libro di classe e che qui non vedi. Quali?**

a) lavagna luminosa; b) libro; c) cartina geografica.

**3 Che cosa sono?**

2 preposizione, 3 verbo, 4 soggetto, 5 nome 6 aggettivo, 7 avverbio (di modo), 8 pronome,
9 congiunzione, 10 complementi, 11 articolo determinativo, 12 avverbio (di tempo).

## Chiavi del Libro degli esercizi - unità 10

> grammatica

**1 Che strano piacere! Il verbo *piacere* provoca uno... spiacevole problema: una C oppure 2?**

Piaccio, piaci, piace, piacciamo, piacete, piacciono

**2 Completa la tabella con i pronomi personali atoni indiretti.**

|  |  | singolare | plurale |
|---|---|---|---|
| prima persona | | mi | ci |
| seconda persona | | ti | vi |
| terza persona | maschile | gli | loro/gli |
| | femminile | le | loro/gli |
| | riflessiva | si | si |

**3 Completa il dialogo con i pronomi.**

1 Le, 2 Le, 3 mi, 4 mi, 5 lo, 6 Mi, 7 Le, 8 le, 9 lo.

**4 Rispondi alle domande come nell'esempio.**

2 Sì, gli piace, ma preferiscono la pallavolo. 3 Sì, mi piace, ma preferisco il cinema. 4 Sì, ci piace, ma preferiamo le lettere tradizionali. 5 Sì, gli piace, ma preferisce vivere a Roma. 6 Sì, le piacciono, ma preferisce i gatti.

**5 Scrivi frasi di significato contrario con il verbo *piacere* e i pronomi.**

2 Mi piace viaggiare. 3 Vi piace lavorare. 4 Ci piace la televisione. 5 Mi piace leggere.
6 Le piace la musica inglese.

**6 Completa le frasi con i pronomi personali atoni diretti o indiretti.**

1 le, l', 2 lo, 3 ci, 4 li, 5, la, 6 vi, 7 mi, l', 8 ti, 9 ti, ti, 10 gli, lo.

**7 Abbina le frasi delle due colonne.**

1 con c, 2 con e, 3 con a, 4 con b, 5 con d, 6 con f.

> lessico

**2 Cruciverba sui vestiti**

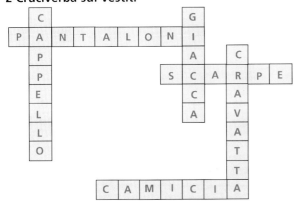

## Chiavi del Libro degli esercizi - unità 11

> grammatica

**1 Completa la tabella con i participi passati.**

| | | | | | |
|---|---|---|---|---|---|
| bere | bevuto | fare | fatto | rimanere | rimasto |
| chiedere | chiesto | leggere | letto | rispondere | risposto |
| chiudere | chiuso | mettere | messo | scegliere | scelto |
| correggere | corretto | nascere | nato | scrivere | scritto |
| correre | corso | offrire | offerto | succedere | successo |
| cuocere | cotto | perdere | perso (perduto) | tradurre | tradotto |
| decidere | deciso | piacere | piaciuto | vedere | visto (veduto) |
| dire | detto | piangere | pianto | venire | venuto |
| dividere | diviso | (pro)porre | (pro)posto | vincere | vinto |
| essere | stato | prendere | preso | vivere | vissuto |

## 2 Scrivi il verbo all'infinito.

| | | | |
|---|---|---|---|
| perso | perdere | nato | nascere |
| corso | correre | vissuto | vivere |
| vinto | vincere | successo | succedere |
| stato | essere/stare | letto | leggere |
| rimasto | rimanere | cotto | cuocere |

## 3 Metti i verbi al singolare.

| | | | |
|---|---|---|---|
| avete proposto | hai proposto | siete tornate | sei tornata |
| sono arrivate | è arrivata | sono vissuti | è vissuto |
| abbiamo letto | ho letto | abbiamo amato | ho amato |
| hanno scritto | ha scritto | sono nate | è nata |
| siamo andati | sono andato | avete scelto | hai scelto |

## 4 Ai verbi del testo seguente è successo qualcosa. Prova a metterli in ordine.

Allora...10 giorni fa ho ricevuto una lettera con un biglietto con scritto: "Complimenti!
Lei ha vinto un week-end di sport presso il Centro Natura e Salute"...Poi l'indirizzo e il numero di telefono.
Così ho telefonato e mi hanno confermato tutto, ma non mi hanno voluto dire come mai hanno dato
questo premio proprio a me. Sono partita, curiosa di saperne di più e quando sono arrivata là, ho trovato
molte altre persone che come me avevano vinto un week-end presso quel centro. La cosa si è fatta subito
misteriosa: mi hanno dato una stanza e la chiave...sono salita nella mia camera e curiosa come sempre,
dietro la porta ho visto un cartello con i prezzi: per la pensione completa il prezzo era di 60 euro al giorno
comprese le attività sportive. Invece il prezzo della pensione completa della seconda possibilità dal nome
abbastanza chiaro "prezzo week-end di sport gratuito" era di 45 euro, ma gli sport naturalmente erano
gratuiti. Ti puoi immaginare la mia rabbia e la velocità con cui me ne sono andata via....Ho ripreso i
miei documenti e urlando sono ripartita....Gli altri "vincitori" probabilmente hanno fatto la stessa cosa....
Intervistatore: Mica male come avventura.

## 5 Trasforma le frasi al passato prossimo facendo attenzione all'accordo del participio passato.

1 Ieri non sono andato a lavorare.
2 Sabato scorso siamo usciti a mangiare una pizza.
3 Domenica scorsa Patty è partita per le vacanze.
4 Antonella e Carla sono arrivate lunedì scorso.
5 Mario e Linda hanno cambiato casa l'anno scorso.
6 Ieri gli studenti sono entrati a scuola alle 8.

## 6 Fa' le domande.

A volte più risposte possibili. 1 Fino a che ora hai dormito stamattina?
2 Perché ti sei svegliato presto? 3 Con chi ci sei andato?
4 Sei/siete andato/i in macchina? Hai/avete preso il treno?
5 Dove avete mangiato/pranzato? 6 A che ora siete partiti dal mare/ da là?
7 A che ora siete arrivati a casa? 8 Cosa hai/avete fatto dopo?

## 7 Racconta la storia di Antonella.

1 Antonella è nata a Verona nel 1973. 2 Nel 1976 è andata all'asilo. 3 Nel 1979 ha iniziato la scuola
elementare. 4 Dal 1987 al 1992 è andata/ha studiato/ha fatto/ha frequentato il liceo classico. 5 Dal 1992
al1997 ha studiato architettura all'Università di Venezia. 6 In/nell' ottobre 1997 è andata in Inghilterra. 7
In/Nel marzo 1998 ha conosciuto Robert. 8 In/Nel settembre 1999 sono nate Alice e Nina. 9 Nel 2001 è
tornata/sono tornati in Italia. 10 Nel 2002 ha trovato lavoro a Padova.

> lessico

## 1 Scegli l'attività.

1 c, 2 b, 3 c, 4 a, 5 c, 6 c, 7 a, 8 c.

## 2 Inserisci le parole mancanti nello schema, basandoti sulle lettere che trovi già inserite.

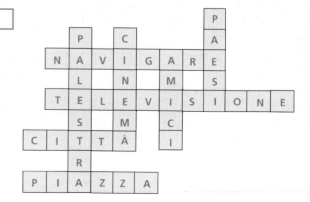

## Chiavi del Libro degli esercizi - unità 12

> grammatica

**1 Completa il dialogo con i participi passati. Attenzione all'accordo!**

> A volte varie risposte possibili.
> Sandro: Ti piace?
> Maria: Sì, è bellissima!
> Sandro: È la prima volta che vieni ad Assisi?
> Maria: Sì, non ci sono mai stata prima. È una città molto affascinante!
> Sandro: Dove hai passato le vacanze l'estate scorsa?
> Maria: Le ho passate a casa. Ho dovuto lavorare per poter venire in Italia. E tu?
> Sandro: Sono stato negli Stati Uniti. Ti ho detto che ho fatto un corso...e poi è venuta mia cugina Ilaria
> e l'ho portata in California.
> Maria: Vi siete divertiti?
> Sandro: Un sacco!

**2 Sostituisci alle parole in corsivo un pronome e accorda il participio, se necessario.**

> 1 Non l'ho mai capito. 2 Li ho chiamati questa mattina. 3 L'ho vista nel parco. 4 Quando li
> abbiamo invitati a cena l'ultima volta. 5 Le hai sentite? 5 Li hai letti?

**3 Metti le frasi al plurale.**

> 1 Ieri Paolo e Laura si sono fumati 30 sigarette almeno. 2 Ieri ci siamo divertiti un sacco in montagna.
> 3 A che ora vi siete addormentate ieri sera tu e Costanza? 4 Silvestro e Graziano si sono svegliati alle tre
> stanotte. 5 Che caldo! Ci siamo appena lavati e già stiamo sudando! 6 Virginia e Sofia, vi siete arrabbiate,
> ma non avete ragione!

**4 Rispondi alle domande.**

> 2 No, non li ho (ancora) finiti. Mi manca il terzo di inglese. 3 Sì, l'ho comprato questa mattina.
> 4 Li ho visti l'estate scorsa. 5 L'ho trovata simpatica. 6 Non lo so. Le hai prese tu l'ultima volta.

**5 Cos'ha fatto Andrea oggi?**

> 1 Si è svegliato alle 7. 2 Si è alzato. 3 Si è lavato. 4 Ha fatto colazione. 5 Ha lavorato.
> 6 Ha pranzato. 7 È tornato a casa. 8 Ha fatto la doccia. 9 È andato a letto a leggere.

> lessico

**1 Vacanze italiane.** In ogni gruppo c'è un intruso: ad esempio,
una città che non c'entra con le altre perché non ha il mare,
è in una zona diversa, ecc.; oppure uno sport da fare in
vacanza che non si può fare dove si fanno gli altri, e così via.
Trova gli intrusi e scrivili nello schema: scoprirai il nome
del grande, eterno nemico delle vacanze!

|   |   | M | I | L | A | N | O |
|---|---|---|---|---|---|---|---|
|   | V | E | L | A |   |   |   |
|   |   |   |   | V | E | L | A |
|   | A | R | R | O | S | T | O |
|   |   | B | A | R | I |   |   |
|   |   | T | O | R | I | N | O |

## Chiavi del Libro degli esercizi - unità 13

> grammatica

**1 Esprimi accordo e disaccordo.**

> 2 anche per me, per me no; 3 neanch'io, io sì; 4 anche a me, a me no; 5 anche secondo me, secondo me
> no; 6 anch'io, io no; 7 neanch'io, io sì; 8 neanche a me, a me sì.

**2 Completa con il pronome.**

> 1 te, 2 loro, 3 me, 4 lei, 5 lei, 6 te, 7 noi, 8 te.

**3 Scegli il pronome.**

> 1 le, noi, 2 vi, mi, 3 te, 4 ti, 5 noi, 6 ci, te, 7 voi, mi, 8 si, loro.

**4 Completa la tabella.**

| Pronomi soggetto | Pronomi atoni diretti | Pronomi atoni indiretti | Pronomi tonici |
|---|---|---|---|
| ............io............ | ..............mi.............. | ................mi................ | .........me......... |
| tu | ti | ti | te |
| lui, lei | lo, la | gli, le | lui, lei |
| noi | ci | ci | noi |
| voi | vi | vi | voi |
| loro | li, le | gli/loro | loro |

**5 Abbina le frasi delle due colonne e inserisci i pronomi.**

1 con d, 2 con a, 3 con e, 4 con b, 5 con f, 6 con.

| | |
|---|---|
| 1 Mi piace molto la birra. | a) perché è un anno che non mi scrivi. |
| 2 Simone, sono molto arrabbiato con te | b) fra mezz'ora? Se mi cercano, digli di chiamare più tardi. |
| 3 Sai che sotto di noi ci sono gli uffici | c) che senza di lei non posso più vivere. |
| 4 Vado a riposare. Mi chiami | d) Anche a me, ma preferisco il vino. |
| 5 Cecilia, con te a casa da scuola | e) della ditta che ti ha offerto lavoro? |
| 6 Quando vedo Beatrice, le voglio dire | f) non riesco più a leggere un libro. |

> lessico

**2 Trova le parole che riguardano il tempo. Ce ne sono 10.**

```
S T E N D A A W A F C A M P E G (P R E V E D E R E) B A
E M B (V E N T O) O (N E B B I A) A B S S D F N B D R (B B
R P A W S A B B I E A D A X S P I A G G I A A A U R A
E A R P R E V E D (V A R I A B I L E) E A L B E R T U I
N (N E V E) S S M O B U M E N T O S (N U V O L O S O) T S
O C M A R E C C F I X C C L A G O C E D X C Z A O) C
G X O (T E M P E R A T U R A) F E T A N F (P I O V E R E)
```

**3 Cruciverba.**

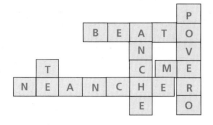

## Chiavi del Libro degli esercizi - unità 14

> grammatica

**1 Trasforma le frasi usando il si impersonale.**

1 Quando si è giovani, non si ha paura della vecchiaia. 2 Quando si è giovani, si ha molta energia. 3 Quando si è giovani, si ama divertirsi. 4 Quando si è giovani, si impara facilmente una lingua straniera. 5 Quando si è giovani, si fa spesso sport. 6 Quando si è giovani, si è spesso allegri. 7 Quando si è giovani, si esce spesso di sera. 8 Quando si è giovani, si va in vacanza con gli amici.

**2 Cosa si fa in questi posti? Fa' delle frasi.**

A volte più risposte possibili. 1 Si soggiorna. 2 Si prende in prestito un libro, si legge. 3 Si beve e si mangia. 4 Si prende il treno. 5 Si nuota. 6 Si aspetta l'autobus. 7 Si vede un film. 8 Si fa la spesa.

**3 Metti in ordine il dialogo.**

Sandro: Senta, scusi, mi sa dire dov'è un parcheggio?
Passante 1: Mi dispiace, non lo so.
Sandro: Mi scusi, c'è un parcheggio qui vicino?
Passante 2: Allora, mi lasci pensare...Sì, ce n'è uno.
Sandro: Quanti chilometri ci sono da qui?
Passante 2: No, non si preoccupi, non è lontano da qui...
Sandro: Ci si arriva in macchina?
Passante 2: Sì, ci può andare in macchina senza problemi...non ci sono isole pedonali...
Sandro: Quanto tempo ci vuole per arrivarci?
Passante 2: Ci vogliono meno di 5 minuti. Dunque, vede quella curva, là in fondo?
Sandro: Sì, la vedo.
Passante 2: Subito dopo c'è un ponte. Deve passare il ponte, andare a destra alla prima laterale e poi dritto per circa...300 metri fino al semaforo. Quando arriva al semaforo, deve girare a sinistra e lì vedrà l'entrata del parcheggio proprio di fronte a un supermercato.
Sandro: Ah, grazie mille. Spero di trovarlo. Arrivederci.
Passante 2: Arrivederci.

**4 Completa le frasi con *ci*, nella posizione corretta.**

1 In agosto facciamo un viaggio in Olanda. Ci vieni anche tu?
2 Sono nato a Bolzano e ci vivo ancora oggi.
3 Ecco la mia vecchia scuola. Ci ho studiato per cinque anni.
4 Quella è la casa di mia nonna. Ci abita dal 1950.
5 - Sei mai stato negli Stati Uniti? - Sì, ci sono stato varie volte.
6 In che via è la pizzeria "Da Salvo"? Ci vado spesso ma non lo ricordo mai.

**5 Completa le domande o le risposte con il verbo *dispiacersi* o *volerci*.**

1 ci vogliono; 2 mi dispiace; 3 mi dispiace; 4 le dispiace; 5 ci vuole; 6 ci vuole, ci vogliono; 7 gli dispiace, ci vogliono; 8 vi dispiace.

> **lessico**

**1 Scegli la parola giusta.**

1 semaforo, 2 ponte, 3 incrocio, 4 rotonda, 5 curva, 6 piazza, 7 via/strada, 8 laterale.

**3 Cruciverba fonologico. In questo schema compaiono coppie minime, cioè parole che si differenziano per la presenza di una consonante singola o doppia. Individua le parole e poi inseriscile nello schema guidandoti con le lettere che compaiono:**

1 a) eco, b) ecco; 2 a) penna, b) pena; 3 a) tuta, b) tutta; 4 a) sono, b) sonno; 5 a) casa, b) cassa; 6 a) pala, b) palla; 7 a)cane, b) canne

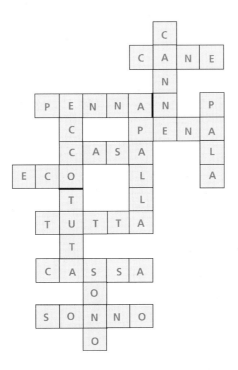

## Chiavi del Libro degli esercizi - unità 15

> **grammatica**

**1 Completa la tabella con i verbi regolari al futuro.**

| ascoltare | io ascolterò | leggere | io leggerò | finire | io finirò |
|---|---|---|---|---|---|
| | tu ascolterai | | tu leggerai | | tu finirai |
| | lui/lei ascolterà | | lui/lei leggerà | | lui/lei finirà |
| | noi ascolteremo | | noi leggeremo | | noi finiremo |
| | voi ascolterete | | voi leggerete | | voi finirete |
| | loro ascolteranno | | loro leggeranno | | loro finiranno |

**2 Completa la tabella con i verbi irregolari al futuro per le persone indicate.**

| essere | io sarò | tenere | noi terremo |
|---|---|---|---|
| | loro saranno | | lui/lei terrà |
| avere | io avrò | stare | voi starete |
| | lui/lei avrà | | lui/lei starà |
| bere | tu berrai | sapere | noi sapremo |
| | loro berranno | | loro sapranno |
| dovere | tu dovrai | fare | io farò |
| | noi dovremo | | loro faranno |
| potere | voi potrete | rimanere | io rimarrò |
| | lui/lei potrà | | voi rimarrete |
| volere | voi vorrete | venire | tu verrete |
| | lui/lei vorrà | | loro verranno |
| vedere | io vedrò | dare | noi daremo |
| | voi vedrete | | loro daranno |

**3 Forma delle frasi.**

a volte più risposte possibili. 1 Se domani farà/ci sarà bel tempo, andrò/andremo in montagna. 2 Se l'anno prossimo avrò/avremo abbastanza soldi, comprerò/compreremo una macchina nuova. 3 Se domenica ci sarà abbastanza neve, andrò/andremo a sciare a Cortina d'Ampezzo. 4 Se Paolo e Francesca verranno a trovarci, li inviteremo a cena. 5 Se prenderò un buon voto, offrirò da bere. 6 Se stasera ci sarà (la) nebbia, non uscirò in bicicletta.

**4 Metti le frasi al futuro.**

1 Domani resterò a casa a riposarmi. 2 Fra qualche settimana Cecilia comincerà a camminare. 3 Domani finirò di leggere *Paesi tuoi*. 4 L'anno prossimo l'inflazione sarà più bassa di quest'anno. 5 Domani farà bel tempo. 6 La settimana prossima Virginia farà un esame di linguistica. 7 Questa sera andrò a nuotare. 8 Sabato prossimo usciremo con Gabriella e Luciano.

**5 Completa il dialogo con i verbi del riquadro. Usa il futuro dove possibile.**

Sandro: Pronto?
Maria: Pronto, vorrei parlare con Sandro per favore.
Sandro: Sono io; ciao Maria.
Maria: Ciao, come va?
Sandro: Bene e tu?
Maria: Sto bene, grazie. Sandro, ti va di uscire una di queste sere?
Sandro: Volentieri. Dove vorresti andare?
Maria: Hai voglia di andare a mangiare una pizza?
Sandro: Per me va bene. Però perché non andiamo a Spoleto?
Maria: Cosa c'è a Spoleto?
Sandro: In questo periodo c'è il Festival dei Due Mondi. Potremo mangiare lì e magari ci sarà qualcosa d'interessante.
Maria: Ok, quando ci vediamo? Domani sera?
Sandro: Domani sera?... Mi dispiace, ma non posso. Sarò impegnato fino a tardi con il lavoro.
Maria: Allora perché non usciamo dopodomani?
Sandro: Dopodomani... Non so...
Maria: Dai Sandro, non fare il difficile!
Sandro: D'accordo. Ti prometto che passerò a prenderti verso le 7.
Maria: Benissimo. Ti aspetto. Ciao.
Sandro: Ciao Maria e grazie dell'invito.

# 6 Cruciverba futuro.

In questo schema vanno inseriti i futuri (alla prima persona singolare) dei verbi indicati.
Attenzione alle particolarità ortografiche di alcuni verbi in –*care*, -*gare*, -*ciare* e –*giare*!

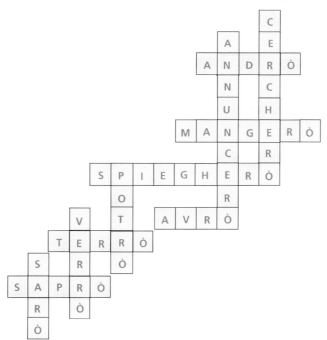

Finito di stampare nel mese di novembre 2003
da Guerra guru s.r.l. - Via A. Manna, 25 - 06132 Perugia
Tel. +39 075 5289090 - Fax +39 075 5288244
E-mail: geinfo@guerra-edizioni.com